彩图典藏版

国学经典规范读本

增广贤文

【冯国超◎译注】

商务印书馆

图书在版编目(CIP)数据

增广贤文:彩图典藏版/冯国超译注. —北京:商务印书馆, 2017(2021.10 重印)
(国学经典规范读本)
ISBN 978-7-100-12520-8

Ⅰ.①增… Ⅱ.①冯… Ⅲ.①古汉语—启蒙读物 Ⅳ.①H194.1

中国版本图书馆 CIP 数据核字(2016)第 214913 号

国学经典规范读本
增广贤文
(彩图典藏版)
冯国超 译注

商 务 印 书 馆 出 版
(北京王府井大街 36 号 邮政编码 100710)
商 务 印 书 馆 发 行
北京中科印刷有限公司印刷
ISBN 978-7-100-12520-8

2017 年 11 月第 1 版 开本 880×1240 1/32
2021 年 10 月北京第 5 次印刷 印张 6⅞
定价:58.00 元

前 言

《增广贤文》又名《昔时贤文》《古今贤文》《增广便读昔时贤文》，全书近四千字，是中国古代著名的蒙学经典。作者及成书时间不详。在明代戏曲作家汤显祖（公元1550—1616年）所写的《牡丹亭》第七出“闺塾（shú）”中，有“《昔氏贤文》，把人禁杀”一句，一些学者认为，此《昔氏贤文》即《昔时贤文》，若果真如此，则《增广贤文》的成书时间不会晚于明代。

到了清朝同治年间（公元1862—1875年），儒生周希陶对《增广贤文》作了修订，不仅对原书顺序作了调整，还增加了不少新的内容，命名为《重订增广》。但因为《重订增广》所增加的内容语句不够精练，内涵不够深刻，其影响力明显不及《增广贤文》。

关于《增广贤文》一书的性质，作者在书中的开头有明确的说明：“昔时贤文，诲汝谆（zhūn）谆。集韵增广，多见多闻。”意即从前优美精辟的文字，恳切地教导着你。汇集有韵律的文句，编成《增广贤文》，以增加人们的见闻。也就是说，该书是作者汇集古代优美精辟的文字按韵律编排而成，相当于一本格言警句集，其中的文句，大多并非作者的原创。

详细考察《增广贤文》所收的文句，可以发现，它主要有以下五个来源：

一是四书五经，其中引用最多的是《论语》，如“人无远虑，必有近忧”出自《论语·卫灵公》，“死生有命，富贵在天”出自《论语·颜渊》，“人而无信，不知其可也”出自《论语·为政》。其次是《孟子》，如“天时不如地利，地利不如人和”出自《孟子·公孙丑下》，“顺天者存，逆天者亡”出自《孟子·离娄上》。其他如“差之毫厘，失之千里”出自《礼记·经解》，“隐恶扬善，执其两端”出自《中庸》，“一人有庆，兆民咸赖”出自《尚书·吕刑》，“知我者谓我心忧，不知我者谓我何求”出自《诗经·王风·黍（shǔ）离》，等等。

二是古代诗词。其中引用最多的是唐宋诗词，如“古人不见今时月，今月曾经照古人”出自李白的《把酒问月》诗，“酒债寻常行处有，人生七十古来稀”出自杜甫的《曲江二首》之二，“世上万般皆下品，思量唯有读书高”出自宋代汪洙（zhū）的《神童诗》，“千里送毫毛，礼轻情义重”出自宋代邢俊臣的《临江仙》。其他如“人生不满百，常怀千岁忧”出自汉代的《古诗十九首》之一，“少壮不努力，老大徒伤悲”出自《乐府诗集·长歌行》，等等。

三是古代史学经典。如“一字值千金”出自《史记·吕不韦列传》，“口说不如身逢，耳闻不如目见”出自《资治通鉴·唐纪·睿（ruì）宗二年》，“宁可人负我，切莫我负人”出自《三国志·魏书·武帝纪》裴

(péi)松之注引孙盛《杂记》，等等。

四是佛道经典。如“守口如瓶，防意如城”出自《维摩经》，“善有善报，恶有恶报”出自唐代释道世的《法苑珠林·卷八·六道诸天·报谢》，“天网恢恢，疏而不漏”出自《老子》第七十三章，等等。

五是民间广泛流传的谚语、格言。如“逢人且说三分话，未可全抛一片心”见于明代小说《醒世恒言》第9卷，“有心栽花花不发，无心插柳柳成荫”见于明代小说《禅真逸史》第1卷，“莫信直中直，须防仁不仁”见于《西游记》第37回，等等。

除此之外，也不排除文中有作者原创的句子。而且，需要说明的是，作者在引用古代典籍时，也不是一字不差地照搬照抄，而是常常根据自己的需要作出修改。如“千里送毫毛，礼轻情义重”一句，宋代邢俊臣的《临江仙》中原作“物轻人意重，千里送鹅毛”；“白云出岫(xiù)本无心”一句，陶渊明的《归去来兮辞》原作“云无心以出岫，鸟倦飞而知还”；“宁可人负我，切莫我负人”一句，孙盛的《杂记》原作“宁我负人，毋人负我”，意思完全相反。

如前所述，《增广贤文》是汇集古代优美精辟的文字而成，目的是增加人们的见闻。然而，中国古代典籍浩如烟海，其中有启发教育意义的格言警句也是数不胜数，那么，作者在区区不到四千字的《增广贤文》中，都汇集了哪些

文字呢?这其实涉及《增广贤文》一书的主要内容和特点,我们可以从以下几个方面来认识:

一、揭示了世态炎凉、人心险恶。中国古代有代表性的蒙学经典如《三字经》《千字文》《弟子规》等都是充满正能量的作品,其中展示的多为充满阳光的生活世界和积极向上的人生态度。《增广贤文》则与之不同,它首次向人们展示了社会阴暗甚至冷酷的一面。首先是人心叵(pǒ)测,人们很难交到知心的朋友:"画虎画皮难画骨,知人知面不知心","相识满天下,知心能几人";而且更为可怕的是,有的熟人朋友甚至比会吃人的老虎还要厉害:"虎生犹可近,人熟不堪亲","入山不怕伤人虎,只怕人情两面刀"。其次是人们唯利是图,贪得无厌:"人为财死,鸟为食亡","点石化为金,人心犹未足"。这种对财富的畸形追求造成社会上到处都是嫌贫爱富的势利之人:"贫居闹市无人识,富在深山有远亲","有钱道真语,无钱语不真;不信但看筵(yán)中酒,杯杯先劝有钱人","有茶有酒多兄弟,急难何曾见一人"。再次是世上小人多而君子少:"山中有直树,世上无直人","茫茫四海人无数,哪个男儿是丈夫",因此,有不少人生活得十分无聊,喜欢议论别人的长短、搬弄是非:"谁人背后无人说,哪个人前不说人","假饶染就真红色,也被旁人说是非","好事不出门,恶事传千里"。生活在这样的世界中，真可谓危机四伏，令人防不胜防。

二、明哲保身的处世之道。人们的处境虽然险恶，但是生活还得继续，那么人们又该如何去应对呢?《增广贤文》为我们设计了一整套“有效”的处世策略。

1. 防。既然人心叵测，那么在与他人交往时，就要有防备之心，不要被表面现象所迷惑：“莫信直中直，须防仁不仁”；而且说话也要留有余地，不要暴露自己的真实想法：“逢人且说三分话，未可全抛一片心。”即使在事业上一帆风顺时，也要想到物极必反，从而及时采取措施，防止发生不测之事：“得宠思辱，居安虑危。念念有如临敌日，心心常似过桥时”，“受恩深处宜先退，得意浓时便可休。莫待是非来入耳，从前恩爱反为仇”。

2. 躲。既然人情如纸，环境险恶，为了避免风险，便须采取躲避的办法：“明知山有虎，莫向虎山行”。在日常生活中，则要学会装聋作哑，要深居简出，尽量少与别人交往：“见事莫说，问事不知，闲事莫管，无事早归。”甚至当自己遇到很大的困难，需要别人帮忙的时候，也最好不要去求人：“无钱休入众，遭难莫寻亲”，因为人都是自私的，当你一贫如洗时，人们避你唯恐不及，你再找上门去，只能自讨没趣。

3. 忍。生活中常常会有无妄之灾，有的事情不是你想躲就躲得掉的，那么，当麻烦甚至灾祸无情地降临到你的头上时，又该怎么办呢?《增广贤文》告诉我们，此时就要学会忍耐："触来莫与竞"，"得忍且忍，得耐且耐"，因为"不忍不耐，小事成大"。作者甚至认为，在人们遇到麻烦或是非时，不妨学做缩头乌龟："是非只为多开口，烦恼皆因强出头。忍得一时之气，免得百日之忧。近来学得乌龟法，得缩头时且缩头。"

4. 借酒浇愁。俗话说，忍字头上一把刀，要做到事事忍让是极为不易的，那么，当你实在忍无可忍时，又该如何呢?作者还有一招，就是喝酒，借酒浇愁："三杯通大道，一醉解千愁"，"今朝有酒今朝醉，明日愁来明日忧"，"醉后乾坤大，壶中日月长"。然而对于借酒浇愁的做法，作者并不自信，因为作者意识到，醉酒只是暂时的麻醉，并不能真正解愁："药能医假病，酒不解真愁"。据此，作者也认为，喝酒其实并不是什么好事，它会损害人的身心健康："清清之水为土所防，济济之士为酒所伤"，因此，人最好能戒酒，并通过观察醉酒之人的丑态来坚定自己戒酒的决心："若要断酒法，醒眼看醉人。"作者在对待喝酒问题上这种自相矛盾的态度，事实上也意味着其明哲保身的处世哲学就如借酒浇愁一样，并不能真正解决问题。

三、"一身都是命安排"的命定论思想。古代中国人大多信命，认为人一生的穷通寿夭、贫富祸福都是命中注定的，人无力去改变它。如在《论语·颜渊》中就有"死生有命，富贵在天”的说法，孔子也常常把自己生活中的遭遇归于天命的安排。在《增广贤文》中，此类命定论的思想随处可见，诸如“大家都是命，半点不由人”，“命里有时终须有，命里无时莫强求”，“万事不由人计较，一身都是命安排”，等等。既然一切都是命中注定，那么人的所作所为无疑都是徒劳的：“万事皆已定，浮生空自忙”。因此，人所能做的，就是安守本分，静候命运之神的安排：“时来风送滕王阁，运去雷轰荐福碑”，“运去金成铁，时来铁似金”。

人心叵测、明哲保身、命定论，这是《增广贤文》中较为突出且容易给人以深刻印象的思想，就此而言，则《增广贤文》一书无疑是存在问题的，因为它夸大了社会的阴暗面，提倡消极的处世哲学，宣扬迷信思想，与社会主流的价值观格格不入。既然如此，《增广贤文》怎么还能成为受人追捧的蒙学读物呢？这就与《增广贤文》一书的下述特点有关。

四、惩恶扬善的善恶观。针对社会上小人众多、人们不肯行善助人的现象，作者明确劝导人们要多做善事、不做恶事：“善事可作，恶事莫为”，“一毫之恶，劝人莫作；一毫之善，与人方便”。为什么呢？因为行善不仅能使人感到快乐，而且还能使人长寿：“为善最乐，为恶难逃”，“善必寿考，恶必早亡”。当然，最根本的原因还在于行善与作恶会带来不同的报应：“善有善报，恶有恶报；不是不报，日子未到”，

“人恶人怕天不怕，人善人欺天不欺。善恶到头终有报，只争来早与来迟”。这种“善有善报，恶有恶报”的思想在中国社会中长期流行，虽然表面上看似有某种迷信的成分，实质上却是对历史经验的深刻总结，因为归根结底，所有的善行都会受到人们的褒奖，而所有的恶行最终都会遭到人们的鞭挞（tà）并让作恶者付出相应的代价。

五、重义轻财的义利观。针对社会上一些人唯利是图、嫌贫爱富的现象，作者明确指出，钱财并不是世上最贵重的：“钱财如粪土，仁义值千金”，“不求金玉重重贵，但愿子孙个个贤”，“黄金未为贵，安乐值钱多”，“积金千两，不如明解经书”。这说明，在作者眼里，仁义、子孙贤能、安乐、明解经书等是比钱财更有价值的东西。在此基础上，作者进一步指出，人的生活离不开钱财，这是客观事实，因此钱财并非不重要，人们喜欢钱财也没有什么不对，关键在于获取钱财的途径一定要正当：“君子爱财，取之有道”，“宁向直中取，不可曲中求”。如果通过正当的途径无法获得财富，则宁愿过清贫的日子，也不要通过非法的手段去获取财富：“宁可正而不足，不可邪而有余。”

六、积极有为的人生观。《增广贤文》在处理人际关系方面主张忍、躲、不争，然而，在涉及个人前途的问题上，却主张积极进取，奋发有为，具体表现在这样三个方面：

1. 强调了学习的重要性，认为读书学习是世上最有价值的事情："世上万般皆下品，思量唯有读书高。"为什么呢？因为人只有通过学习，才能懂得事理："人学始知道，不学亦徒然"，否则，没有文化的人就像穿着衣服的马牛一样："有田不耕仓廪（lǐn）虚，有书不读子孙愚。仓廪虚兮岁月乏，子孙愚兮礼义疏。……人不通古今，马牛而襟裾（jīnjū）。"因此，那些通过学习掌握知识的人，才是真正对社会有用的人才："好学者如禾如稻，不学者如蒿（hāo）如草。"

2. 要珍惜时间，不要让光阴虚度。作者指出，时光飞逝，人的一生是极其短暂的："光阴似箭，日月如梭（suō）"，"记得少年骑竹马，看看又是白头翁"；而且时间一去不会复返："枯木逢春犹再发，人无两度再少年"。因此，人不应该虚度光阴："莺花犹怕春光老，岂可教人枉度春"，而应趁着年少之时积极努力，以免将来后悔："月过十五光明少，人到中年万事休"，"少壮不努力，老大徒伤悲"。

3. 人生必须追求成功，并要为此付出艰苦的努力。作者明确指出，人生在世，应该追求功名富贵："为官须作相，及第早争先"；但是，正如"笋因落箨（tuò）方成竹，鱼为奔波始化龙"，对功名富贵的追求不是轻而易举、一帆风顺的，它需要人在痛苦中磨炼、在寂寞中奋斗："欲求生富贵，须下死工夫"，"十年窗下无人问，一举成名天下知"。同时，作者还提醒人们要自强不息，力争上游，否则就会被社会淘汰："莫道君行早，更有早行人"，"长江后浪推前浪，世上新人赶旧人"。这些思想，与前面那些提倡明哲保身、甘愿做缩头乌龟的思想形成了鲜明的对照。

除了上述，《增广贤文》还提倡诚信："人而无信，不知其可也"，"许人一物，千金不移"；要求人们学会宽恕："责人之心责己，恕己之心恕人"，"饶人不是痴汉，痴汉不会饶人"；要求尊敬老人："莫笑他人老，终须还到老"，"人见白头嗔（chēn），我见白头喜"；等等。这些都是充满正能量的思想，对于改善人际关系，促进社会和谐，无疑具有积极的意义。

综上所述，《增广贤文》蕴含的思想是极其丰富的，不过，它不像《三字经》那样致力于对经典和历史知识的介绍，也不像《弟子规》那样专注于教育孩子做人的规矩，更不像《幼学琼林》那样集中于对典故知识的解释，而是通过汇集前人的论述，告诉人们世事的复杂、人性的弱点、处世的对策、生活的真谛和人生的目标。虽然其中的某些观点有些偏激，有的甚至近乎冷酷，需要我们加以分析批判，但是，它对于人们更好地认识社会现实，无疑有振聋发聩（kuì）的作用；虽然有些论述前后不一、自相矛盾，甚至存在明显的错误，需要我们认真鉴别，但是，它对于我们了解事物存在的复杂性，避免对问题作简单化处理，无疑是很好的提醒。正是因为《增广贤文》蕴含的上述特点，加上《增广贤文》通俗易懂，文句押韵，读来朗朗上口，使它填补了以往蒙学读物重知识教育、重行为指导而缺乏说理论证的空白，为中国古代蒙学经典增添了多姿多彩的篇章。

然而，遗憾的是，《增广贤文》问世后，一直缺乏权威的定本，而且清末民初的本子，大多字迹潦草，印刷粗糙，这也导致目前出版的各种《增广贤文》本子内容差异很大（但出版者却常常对此不作明确的说明）。正是为了解决这种《增广贤文》版本混乱的状况，同时也为了更好地揭示《增广贤文》的内涵和现代价值，我们撰作了这部《国学经典规范读本·增广贤文》。概括地说，本书主要有以下几个方面的特点：

一、本书的原文以民国版《增广贤文》（见附录二）为底本，同时参阅了清代李光明庄精刻本《增广贤文》、民国时期刊行的其他一些本子及当今一些较具代表性的《增广贤文》出版物。

二、注释简洁、准确、客观、全面。目前出版的许多古代经典注译本有一个较为明显的通病，就是注译者作注较为随意，这种随意表现在两个方面：一是哪些字词须注，哪些字词不用注，没有统一的标准，造成一些必须加注的疑难字词常常被有意无意地回避了，这必然会给读者阅读古代经典带来很大的困难；二是注释文字较为随意，注译者常常根据自己的理解来作注，而不是依据相关工具书上的解释，这就使注释文字缺乏权威性。本书则做到逢疑难必注，不回避问题，对于迄今仍存在分歧和争议的地方，坚持实事求是的原则，或明确表示存疑，或同时列举几种有代表性的观点，以提示读者此处内容并无确解。同时，注释文字一律采用《汉语大词典》《辞海》《辞源》《古代汉语词典》等权威工具书中的解释，以避免误导读者。

三、在白话翻译部分，尽量采用直译的做法，不作引申和发挥，并力求使译文精致、流畅。

四、采用了"导读＋图说"的经典解读方式。在"导读"部分，除了对原文的内容作深入的说明，揭示其实质和价值意义，还尽量列举相关的历史故事来进行剖析，以利于读者更好地理解和接受。"图说"则主要根据"导读"中所举的例子，选择历史上的相关绘画进行配图。本书在配图时，严格采取一一对应的原则：图是对"导读"文字的形象化描绘，"导读"文字则仿佛是对图的说明。从而避免了以往诸多国学经典图文本配图随意的弊病。

总之，严谨、细致、力求完美，这是我们撰作《国学经典规范读本·增广贤文》的指导思想；规范、权威、美观大方，则是我们追求的目标。衷心希望广大读者能在赏心悦目的阅读中，轻松把握《增广贤文》的内容和精髓。

冯国超

2014年9月于北京

目 录

增广贤文 …………………………………………… 001

附录一：增广贤文（原文＋拼音）………………… 171

附录二：民国版《增广贤文》……………………… 198

增廣賢文

1 昔时①贤文②，诲③汝④谆（zhūn）谆⑤。集韵⑥增广⑦，多见多闻。观今宜⑧鉴⑨古，无古不成今。

【注释】

①昔时：往日；从前。 ②贤文：优美精辟的文字。贤：优良；美善。一说指圣贤的言论。 ③诲：教导；劝导。 ④汝：你。 ⑤谆谆：形容恳切而不厌倦。 ⑥集韵：汇集有韵律的文句。 ⑦增广：增加，扩大。这里指《增广贤文》一书。 ⑧宜：应该。 ⑨鉴：观察；审察。

【译文】

从前优美精辟的文字，恳切地教导着你。汇集有韵律的文句，编成《增广贤文》，以增加人们的见闻。观察今天应该考察古代，因为没有古代就没有今天。

【导读+图说】

本段包含以下三层意思：

一是《增广贤文》一书的性质和内容，它是汇集古代优美精辟的文字而成。

二是《增广贤文》的作用，可以增加人们的见闻，使人见多识广。

三是为什么要汇集古人的论述编成《增广贤文》，是因为今天是古代的延续，只有了解过去，才能更好地把握今天。

▲ 唐太宗往屏上书写治国经验图，清代陈书绘

关于古代的知识和经验对今人的作用，在《旧唐书·魏征传》中，记载了唐太宗曾说过的话："以古为镜，可以知兴替。"意即以古代的历史为镜子，可以知道国家兴衰的规律。因为无论古人今人，其身心结构及功能都是相似的，没有什么本质的区别，因此，古人的经验和所作所为可以为今人提供借鉴。我们现在常说的"以史为鉴""前事不忘，后事之师"，说的也是类似的意思。

2 知己知彼①，将心比心②。酒逢知己③饮，诗向会人④吟⑤。相识满天下，知心⑥能几人。相逢好似初相识，到老终无怨恨心。

【注释】

①知己知彼：对自己的情况和对方的情况都有透彻的了解。彼：对方；他。 ②将心比心：拿自己的心去比照别人的心，指遇事设身处地替别人着想。将：拿。 ③知己：彼此相互了解而情谊深切的人。 ④会人：能够领会其中意思的人。会：领悟；理解。 ⑤吟：有节奏地诵读。 ⑥知心：彼此相互了解而情谊深切。

【译文】

对自己和对方的情况都应有透彻的了解，应该设身处地替别人着想。酒应该在碰到知心朋友时喝，诗要向能理解其中意思的人吟诵。世上到处有你认识的人，但其中真正称得上知心朋友的又有几个。与人交往时每次碰到都像刚刚认识一样，到老也不会产生怨恨之心。

【导读】

本段主要说明了交朋友时的一些注意事项：一是要知己知彼，互相了解，不要轻易与陌生人交朋友；二是遇事时要将心比心，设身处地为对方着想；三是要与能真正理解自己的人交朋友，而不要交酒肉朋友；四是朋友之间要互相尊重，即使是彼此很熟悉的朋友，相处时也要像刚刚认识时一样，以礼相待，不轻易要求对方为自己做什么，这样就不会对对方产生怨恨之心。

朋友关系是五伦（君臣、父子、夫妇、兄弟、朋友）之一，历来受到人们的重视。在《论语》中就有不少相关的论述，如《论语·学而》中说："无友不如己者。"意即不要与跟自己追求不同的人交朋友。如《论语·季氏》中说："孔子曰：'益者三友，损者三友。友直，友谅，友多闻，益矣。友便辟（piánbì），友善柔，友便佞（nìng），损矣。'"意思是：孔子说："有三种朋友是有益的，有三种朋友是有害的。与正直的人交朋友，与诚实的人交朋友，与见闻广博的人交朋友，这是有益的。与谄（chǎn）媚狡猾的人交朋友，与阿谀（ēyú）奉承的人交朋友，与花言巧语的人交朋友，这是有害的。"

在中国历史上，春秋时期的管仲与鲍叔牙之交可谓交友成功的典型。据《史记·管晏列传》载，管仲与鲍叔牙从小就要好，长大后他俩又合伙做生意。管仲家里贫穷，做生意时常常占鲍叔牙的便宜，鲍叔牙却毫无怨言。后来鲍叔牙追随齐国公子小白，管仲追随齐国公子纠。结果小白当了齐国国君，这就是齐桓公，公子纠却被杀死了。于是鲍叔牙向齐桓公推荐管仲。管仲受到齐桓公的重用后，尽心尽力辅佐齐桓公，使齐桓公成了春秋时期的霸主。从管仲与鲍叔牙的交往来看，值得人们称赞的首先是鲍叔牙，正是他的宽容、谦让、慧眼识才，才成就了历史上的这段佳话。

3 近水知鱼性，近山识鸟音。易涨易退山溪水，易反易复[①]小人[②]心。运[③]去金成铁，时[④]来铁似金。读书须用意[⑤]，一字值千金。

【注释】

①易反易复：指容易变化无常。 ②小人：人格卑鄙的人。 ③运：运气；幸运。 ④时：时机，有时间性的有利条件。 ⑤用意：用心；专心。

【译文】

临近水才能知道鱼的习性，靠近山才能了解鸟的叫声。山溪中的水容易上涨也容易退去，卑鄙的小人往往反复无常。运气离你而去的时候黄金也会变成铁，时机到来的时候铁也会变得像黄金一样。读书时一定要用心，因为书中的每一个字都价值千金。

【导读】

本段主要包含以下四层意思：

一是想要了解某种事物的特性，就必须接近该事物并作出详细的考察。所以你想了解鱼的习性就要去水边观察，想了解鸟的叫声就要去山边聆(líng)听。

二是卑鄙的小人往往变化无常，就像涨落不定的山溪之水，所以对小人一定要有防范之心，不可轻信。

三是命运无常，运气到来的时候，做什么事都能成功，仿佛顽铁都能变成黄金；运气退去的时候，就会诸事不顺，甚至连黄金都会变成废铁。

四是读书时一定要专心致志，用心体会书中的每一个字，因为古代经典中的字，是圣贤们经反复琢(zhuó)磨才写下来的，其中包含深刻的意义，切不可等闲视之。

关于上面的第三层意思，即所谓命运无常，需要我们正确地认识和对待。一些古人认为，每个人的贫富贵贱、寿命长短都受命运的制约，命中注定的东西，不管你如何努力，都是难以改变的。所谓“运去金成铁，时来铁似金”，说的也是类似的意思。其实，并不存在所谓先天注定的命运，真正能够影响和主宰命运的是我们自己，只要我们认定目标，积极奋斗，努力争取，就会取得好的结果。当然，社会上也存在不少付出和回报不成正比的情况，如有的人不劳而获，有的人付出了巨大的努力，仍一事无成，但这常常是受各种主客观情况的影响造成的，而并非所谓命中注定。

“一字值千金”之说出自《史记·吕不韦列传》：“吕不韦乃使其客人人著所闻，集论以为八览、六论、十二纪，二十余万言。以为备天地万物古今之事，号曰《吕氏春秋》。布咸阳市门，悬千金其上，延诸侯游士宾客有能增损一字者予千金。”战国时期，秦国丞相吕不韦让他门下的宾客把自己所知的事情写出来，把它们编辑成八览、六论、十二纪，共二十多万字。认为天地万物、古往今来的事情都包罗其中，命名为《吕氏春秋》。吕不韦把《吕氏春秋》在咸阳市场的大门上公布，并在上面悬挂千金，邀请各国的游士宾客前来观看，能够为这部书增加或减少一个字的，就给他千金。后以“一字千金”形容书法或诗文的价值极高。

4 逢人且①说三分②话，未可全抛③一片心。有意栽花花不发④，无心插柳柳成荫（yīn）⑤。画虎画皮难画骨，知人知面不知心。钱财如粪土，仁义⑥值千金。

【注释】

①且：宜；应当。

②三分：十分之三。

③抛：显露；暴露。

④发：花开放。

⑤荫：树荫，树木枝叶在日光下所形成的阴

【译文】

与人说话时应只说三分，不要把自己的所有想法都说出来。用心去种花，花却不开放；无心插下的柳枝，却生长旺盛、绿树成荫。画老虎时能画出虎皮，却画不出老虎的骨头；认识一个人时能看清他的长相，却很难知道他真实的内影。⑥仁义：仁爱和正义。

心。钱财就像粪土一样不足珍惜，仁爱和正义则价值千金。

【导读＋图说】

本段包含以下四层意思：

一是与人说话时一定要慎重，不要把自己的所有想法都说出来。在中国历史上，因为说话不慎而招来麻烦、甚至招致杀身之祸的例子不胜枚举。如清朝末年，慈禧（xǐ）太后反对光绪帝变法，准备对光绪帝采取行动，光绪帝向康有为求助。康有为把此事告诉谭嗣（sì）同，谭嗣同去找正在天津训练新军的实力派人物袁世凯，希望他能帮光绪帝把慈禧太后抓起来。没想到袁世凯却向慈禧太后告了密，结果光绪帝被软禁，康有为逃往日本，谭嗣同被杀。因为谭嗣同说话不慎，“全抛一片心”，把实情告诉了卑劣小人袁世凯，才酿（niàng）成如此大祸，因此，教训是十分深刻的。不过，我们也不能因此就防着所有的人，对谁都不敢说真话、讲心里话，那样的人生将是十分孤独的。所以在这个问题上，正确的观念，还是《论语·卫灵公》中的说法：“子曰：‘可与言而不与之言，失人；不可与言而与之言，失言。’”意思是：孔子说：“可以跟他讲而不跟他讲，这是错失了能给自己带来帮助的人；不可以跟他讲而跟他讲，就是说了不该说的话。”因此，是否“全抛一片心”，关键是要看清对象：对于可靠的人，不妨开诚布公；对于不可靠的人，则不要说“三分”，连一句话都可以不讲。

二是世间之事有时会出人意料，有心去追求的事达不到目的，无意之中却能办成事情。这就是所谓的“有意栽花花不发，无心插柳柳成荫”。不过，这句话反映的毕竟是生活中的特例，而非生活中的普遍现象。因为，当你真的用心去栽花时，花总是会开放的。

三是要认识一个人的内心，不能根据他的长相，因为“知人知面不知心”。那么，一个人的长相与其内心究竟是怎样的一种

▲ 澹台灭明像

关系呢？通常情况下，一个相貌堂堂、外表阳光的人，他的内心也会比较健康；而一个长相猥琐（wěisuǒ）、贼眉鼠眼的人，他的内心通常会比较阴暗。但这只是泛泛而言，作不得准。事实上，要根据一个人的长相去判断他的内心，是极其困难的，即使像孔子那样的圣人，也在这上面犯过错误。据《史记·仲尼弟子列传》载，澹（tán）台灭明，字子羽，长相丑陋。他想拜孔子为师，孔子认为他很平庸。后来，澹台灭明经过刻苦学习，学业大进，有弟子三百人，且在诸侯中享有名声。孔子知道后，感慨地说："以貌取人，失之子羽。"意即自己根据长相来判断人，结果在子羽身上造成失误。因此，要真正认识一个人，还是要通过周密的考察，既要听其言，也要观其行，而外貌长相则是较为次要的方面。

四是要重仁义轻钱财。这是典型的儒家观念，因为在《论语·述而》中，孔子就说："不义而富且贵，于我如浮云。"意即通过不正义的手段得来的富贵，对于我来说就像天边的浮云一样。在《论语·里仁》中，孔子也说："君子喻于义，小人喻于利。"即君子懂得道义，小人只懂得利益。也就是说，在道义与钱财的关系上，儒家是重道义而轻钱财的。儒家的这一思想，长期被视为处理义利关系的准则。然而，准则归准则，真正要做到却并不容易。试看当今社会，假冒伪劣产品充斥，电信诈骗层出不穷，贪污腐败现象触目惊心，这都是因为有些人把利益看得高于一切，在他们眼里，“如粪土”的是仁义而非钱财。不过，多行不义必自毙，等待他们的必将是正义的审判。

5 流水下滩①非有意，白云出岫（xiù）②本无心。当时若不登高望，谁信东流③海样深。路遥④知马力⑤，事久见人心。两人一般⑥心，有钱堪⑦买金；一人一般心，无钱堪买针。相见易得好，久住难为人。马行无力皆因瘦，人不风流⑧只为贫。

【注释】

①滩：江河中水浅流急石多的地方。②岫：山洞。③东流：指向东奔流的江河。④遥：远。⑤马力：马的力量。⑥一般：一样；同样。⑦堪：能；可以。⑧风流：洒脱放逸；有才学而不拘礼法。

【译文】

水流下滩头并不是有意的，白云从山洞中飘出也是自然而然的。如果当时不是登高远望，谁会相信向东奔流的江河会像海一样深。路途遥远才知道马力量的大小，经历的事情多了才会了解人心的好坏。两个人一条心，就会挣到能买黄金的钱；一个人一个想法，会连买针的钱都挣不到。刚相见时容易处得很好，在一起住的时间长了就难以相安无事。马奔跑时没有力量，那是因为长得太瘦；人活得不潇（xiāo）洒自在，那是因为过于贫穷。

【导读＋图说】

本段主要包含以下四层意思：

一是自然物的运动都是自然而然的，其中没有什么主宰者，如水流下滩头、白云从山洞中飘出，并不是流水或白云有意如此。当然，作者作此种描写并不是单纯为了说明自然物的特点，而是希望人们能从中获得启发，在为人处世时一任自然，不要有意而为。如"白云出岫本无心"一句，即出自晋代隐士陶渊明的《归去来兮辞》："云无心以出岫，鸟倦飞而知还。"而陶渊明想借此表达的，正是自己不为世俗名利所累的心境。

二是一件事物是好是坏需要经受时间的检验，我们不能凭其一时一地的表现就得出好坏的结论，正如马只有跑很长距离才能知道它力量的大小，一个人居心如何也要看他在处理各种事情时的表现。

三是强调了同心同德、齐心协力的重要性。作者认为，如果两个人心往一处想，劲往一处使，就很容易实现自己追求的目标，即所谓"有钱堪买金"；相反，如果两个人其心各异，甚至同床异梦，则会一事无成，即所谓"无钱堪买针"，连买一根针的钱都挣不到。对此，《周易·系辞传》中也有类似的说法："二人同心，其利断金。同心之言，其臭(xiù)如兰。"意即两个人同心一意，其作用就像利刃能砍断金属一样。同心一意而说出的话，就像兰花发出的气味一样芳香。

▲ 陶渊明像，明代王仲玉绘

四是强调了金钱对于人生的重要性："人不风流只为贫"，人活得不潇洒自在只是因为他没有钱，正如马如果太瘦就无法快速奔跑一样。此话道出了人生的一个真谛(dì)：物质财富是人类生活的基础，一个人如果没有物质财富，生活上捉襟(jīn)见肘，有了上顿没下顿，他的人生就是不如意的，甚至可以说是不成功的。但是，此话也容易遭到一些人的反驳：颜回身处陋巷，用冷水就饭，不照样活得十分充实吗？陶渊明不为五斗米折腰，甘愿过清贫的生活，不是传颂至今的千古佳话吗？安贫乐道的生活，不同样令人向往吗？为什么要如此强调物质财富的重要性呢？对此，我的回答是：如果你有颜回那么高的道德修养，有陶渊明那样的盖世才华、名士风流，你当然可以视物质财富如浮云；但是，自古至今，又有几个颜回、几个陶渊明呢？所以，正确的处世态度，还是抛弃不切实际的幻想，脚踏实地地工作，通过正当的手段积累物质财富，在物质财富的保障下去自由地选择自己的生活方式。

需要说明的是，本段中的内容，不同的本子之间出入较大，如有的本子没有“当时若不登高望，谁信东流海样深”“两人一般心，有钱堪买金；一人一般心，无钱堪买针”“相见易得好，久住难为人”几句，有的本子则是把它们挪到了别处。而且，在文字上也存在一些出入，如“登高望”的“高”，有的本子作“楼”；“海样深”的“样”，有的本子作“洋”，等等。对于此类问题，本书均以民国版《增广贤文》(见附录二)为依据进行处理，但对其中不妥的文字也作了调整。

6 饶[①]人不是痴汉[②]，痴汉不会饶人。是亲不是亲[③]，非亲却是亲。美不美[④]，乡中水；亲不亲[⑤]，故乡人。莺(yīng)花[⑥]犹[⑦]怕春光[⑧]老[⑨]，岂可教人枉[⑩]度春。相逢不饮空归去，洞口桃花也笑人。红粉佳人[11]休[12]使老，风流[13]浪子[14]莫教贫。

【注释】

①饶：宽容；宽恕。 ②痴汉：愚蠢之人；笨蛋。 ③是亲不是亲：是自己的亲戚却不是与自己相亲的人。指虽有亲戚关系却并不亲近。亲：亲人；亲戚。 ④美不美：无论甜美还是不甜美。 ⑤亲不亲：无论亲近还是不亲近。亲：亲近；亲密。 ⑥莺花：一说指黄莺和鲜花；一说指莺啼花开，泛指春天的景色。莺：鸟，身体小，多为褐(hè)色或暗绿色，嘴短而尖。种类很多。 ⑦犹：还；尚且。 ⑧春光：春天的景致。 ⑨老：历时久。 ⑩枉：白白地。 ⑪红粉佳人：指美女。 ⑫休：不要；别。 ⑬风流：洒脱放逸；有才学而不拘礼法。 ⑭浪子：游荡玩乐、不务正业的年轻人。

【译文】

知道宽恕别人的就不是愚蠢的人，因为愚蠢的人不会宽恕别人。虽然是亲戚却不是与自己相亲的人，不是亲戚却是与自己相亲的人。不管是不是甜美，家乡的水都是最好喝的；不管是不是亲近，故乡的人都是最亲近的。黄莺和鲜花尚且怕春光逝去，怎能让人虚度春光呢。朋友相遇却不喝酒而回去，连洞口的桃花都会笑话你。不要让美丽的女子变老，不要让风流潇(xiāo)洒的年轻人变成穷人。

【导读＋图说】

本段主要包含以下三层意思：

一是要学会宽恕别人。宽恕是儒家提倡的重要美德，如《论语·里仁》中说："夫子之道，忠恕而已矣。"意即孔子思想的核心，只是忠诚和宽恕罢了。当别人做了对不起你的事情时，人们往往会想到报复和反击，但是，有时候报复和反击常常会给自己带来更大的麻烦和伤害，相反，宽恕却能获得意想不到的效果。据《史记·韩长孺(rú)列传》载,韩安国字长孺,是西汉时梁国成安(今河南临汝)人。他开始时任梁孝王中大夫,受到汉景帝和窦太后的器重。后来韩安国犯法下了狱,蒙县的狱吏田甲经常侮辱他,韩安国说:“死灰难道就不会复燃吗?”田甲说:“它什么时候一复燃,我就撒尿浇灭它。”没过多久,朝廷任命韩安国为梁国内史,田甲听说后,吓得赶紧逃跑。韩安国下令说:“田甲如果不立即返回岗位,我就灭他全家。”田甲无法,只好光着背来向韩安国请罪。韩安国笑着说:“现在你可以撒尿浇我了!你们这些人值得我报复吗?”最终没有为难田甲。在这个故事中,田甲是典型的“不会饶人”的痴汉,韩安国则是会饶人的聪明人。

二是故乡的山山水水、父老乡亲在每个人的生命中有特殊而重要的意义。因为儿时的记忆总是美好的,而这美好的记忆都与故乡的人物、环境紧密联系在一起。因此,故乡再穷,故乡的人再土,你也不会嫌弃。尤其是对那些外出工作或谋生的游子来说,故乡更是他魂牵梦萦(yíng)的地方。唐代诗人李白的《静夜思》一诗,就很恰当地表达了对故乡的感情:“床前明月光,疑是地上霜。举头望明月,低头思故乡。”

▲ 李白《静夜思》诗意图,清代石涛绘

三是要珍惜时光。正

如春光短暂，人生也是极其短暂的。韶华易逝，红粉佳人会很快老去，这些都是自然规律，人们无法改变。人唯一能做的，就是珍惜时光、珍惜青春，使它的价值最大化，而不是浑浑噩（è）噩地虚度一生。在中国历史上，苏秦以锥（zhuī）刺股，夜以继日地学习；匡衡凿壁偷光，利用邻居家的灯光在晚上读书；车胤（yìn）把萤火虫装入囊（náng）中，利用萤火虫发出的光来看书；……这些都是珍惜时光的典型故事。

7 在家不会迎宾客，出外方①知少主人②。黄金无假，阿魏③无真。客来主不顾，应恐④是痴人⑤。贫居闹市无人识，富在深山有远亲⑥。

【注释】

①方：才。 ②主人：接待宾客的人。 ③阿魏：多年生多汁草本植物，开黄色小花，切断根和根状茎，即有乳状汁流出，此汁干后称阿魏，可入药。主产于伊朗、阿富汗和印度。 ④应恐：恐怕；大概。 ⑤痴人：愚蠢的人。 ⑥远亲：血缘关系疏远的亲戚，也指住处相隔很远的亲戚。

【译文】

在家里的时候不知道如何迎接宾客，外出的时候才知道没有人愿意接待你。黄金没有假的，阿魏却很少有真的。客人前来时主人不去接待，这样的人恐怕是个傻瓜。贫穷时即使居住在闹市中也没有人认识你，富贵时即使居住在深山中也会有远亲前来拜访。

【导读＋图说】

本段主要包含以下三层意思：

一是要懂得待客之道。人是社会性的存在，因此，人际交往是人不可或缺的重要活动。人际交往的重要原则是平等交往，礼尚往来。当客人上门时，你热情接待，那么，你去客人家做客时，人家也会热情地接待你；反之，你对客人没有礼貌，那么，你去做客时，人家也不会愿意招待你，这就是“在家不会迎宾客，出外方知少主人”的确切含义。“客来主不顾，应恐是痴人”，则进一步明确指出不会招待客人的人是一个傻瓜。中华民族是礼仪之邦，所以对待客之道十分重视。

二是物以稀为贵，因此稀少而贵重的东西容易有假。如黄金在古代是一种货币，到处流通，几乎人人认识，因此黄金不易造假。阿魏是一种产于西域或印度的名贵中草药，因不易获得，且有杀虫、除臭等功效，所以市场上假货充斥。据李时珍的《本草纲目·木部·阿魏》：“谚云：黄芩(qín)无假，阿魏无真。以其多伪也。”这里值得注意的是：与阿魏相对的是“黄芩”而非“黄金”。黄芩是一种多年生草本植物，叶子披针形，花淡紫色。根黄色，可入药。黄芩产于川蜀、河东、陕西等地，分布较广，容易获得，所以假的很少。另据李时珍解释，黄芩又作“黄荟(qín)”。据此，则本段中的“黄金无假”很有可能是“黄芩无假”之误。

▲ 阿魏图，选自明代的《补遗雷公炮(páo)制便览》。据明代李时珍的《本草纲目》，阿魏有草本、木本两种，此图所绘为木本

三是世上有不少人嫌贫爱富，当你贫穷时，即使居住在闹市中也

不会有人认识你；当你富贵时，即使居住在深山中，也会有人不远千里来找你。这种现象，我们一方面可斥之为势利，因为它把财富看作一个人是否有价值的标准，忽视了人的内在素质的价值。但是另一方面，它也有其存在的客观原因，因为在古代社会，解决温饱是许多人劳动和工作的主要目标，当人们为温饱发愁时，首先想到的自然是富人而不是穷人，因为穷人即使再有知识，再有修养，都无法帮助别人解决温饱问题。

8 谁人①背后无人说，哪个人前不说人。有钱道真语②，无钱语不真；不信但③看筵（yán）④中酒，杯杯先劝⑤有钱人。

【注释】

①谁人：哪一个人；什么人。 ②真语：真实的话。 ③但：只。 ④筵：宴席，请客的酒席。 ⑤劝：祝愿。

【译文】

哪一个人不被人在背后议论，又有谁不在他人面前议论别人。有钱的人说的话总被认为是真的，没有钱的人说的话总被认为是假的；你要是不相信，只要去看酒席上敬酒的情形，每一杯酒都是先祝福有钱的人。

【导读＋图说】

本段主要包含以下两层意思：

一是几乎每一个人都喜欢议论别人，与此相对应，就是几乎每一个人都会被人议论。这种状况有好处也有坏处，好的一面是：当你知道别人如何议论自己时，你会了解自己言行的对错得失，从而恰当地调整自己，以更好地适应环境。坏的一面是：在背后议论别人，常常会口无遮拦，很容易触及他人的隐私，从而给自己带来不测之祸，常言道“祸从口出”，说的就是这个道理。因此，儒家提倡慎言，提醒人们不要轻易发议论。如《孔子家语·观周》载：“孔子观周，遂入太祖后稷（jì）之庙。庙堂右阶之前，有金人焉，三缄（jiān）其口，而铭其背曰：‘古之慎言人也。戒之哉！无多言，多言多败’”。意思是：孔子在周国游览，进入太祖后稷的庙内。庙堂右侧的台阶之前有一个铜铸的人像，嘴被封了三层，像的背上刻着铭文：“这是古代说话谨慎的人，一定要警惕啊！不要说太多的话，话说多了容易坏事。”

▲ 铭金人图，选自明代仇英的《圣迹图》

二是抨（pēng）击了盲目崇拜有钱人的现象。有钱人通常比穷人有更大的势力、更多的能量，这是客观事实，但是，据此就认为有钱人说的话总是真的，无钱人说的话总是假的，这就大谬不然了。因为有不少富人就是靠欺骗穷人、利用假冒伪劣产品起家的，更何况为富不仁的人也不在少数。不过，理虽如此，人们通常还是更愿意相信有钱人说的话。这在现代社会也是如此，否则做广告时为什么总是找富人代言，而不找穷人来代言呢？

9 闹里[1]有钱，静处安身[2]。来如风雨，去似微

尘③。长江后浪推前浪，世上新人赶④旧人。近水楼台先得月⑤，向阳花木早逢春。

【注释】

①闹里：喧哗热闹的地方。　②安身：指在某地居住和生活。　③微尘：极细小的尘埃。　④赶：追赶；追逐。　⑤得月：指看到水中的月亮。

【译文】

喧哗热闹的地方有赚钱的机会，静谧(mì)安宁的地方适合居住和生活。来的时候像狂风暴雨一般猛烈，去的时候像细小的尘埃一般无形。长江的后浪推涌着前浪，世上的新人赶逐着旧人。在靠近水的楼台上可以先看到水中的月亮，面朝太阳的花木可以更早地感受到春天的到来。

【导读＋图说】

本段包含以下四层意思：

一是热闹和安静是一对矛盾，热闹的地方有挣钱的机会，却不适合生活；安静的地方缺少挣钱的机会，却适合生活。这正如当今中国，北京、上海等一线城市适合在事业上发展，但交通拥堵，环境污染严重，人们生活得并不舒适；而像扬州、厦门等较小的城市环境优美，空气清新，非常适合居住，却相对缺少事业上发

▲ 范仲淹像

展的机会。因此，何去何从，完全看一个人的志趣和选择。

二是出现时要有声势，退去时要隐于无形，即所谓“来如风雨，去似微尘”。对于这句话的确切含义，人们有不同的解读，或认为指活着的时候轰轰烈烈，死后归于沉寂；或认为指人成名的时候名噪(zào)一时，失去名声的时候一钱不值。其实还可以作其他的解读，如可以指军事行动，实施攻击时如雷霆(tíng)万钧，撤退时则静默无声；也可以指巨大的社会变革，到来时激烈动荡，消失时归于无形。总之，我们只要弄清这句话的实质就行，这个实质就是：要做就大张旗鼓，造成声势，使人们明晰可见；不做或做完以后就悄无声息，仿佛一切都不曾发生过。

三是一切事物都处在变化发展之中，后起的东西总要超过以前的东西，就像长江的后浪推涌着前浪，后起之秀必将超越前辈。此正如《论语·子罕》中所说：“后生可畏，焉知来者之不如今也？”意即年轻人是可怕的，怎么知道后来的人就赶不上现代的人呢？

四是由于人们在社会上处于不同的位置，所得的机遇也各不相同，那些处于优越位置的人更容易得到好的机会，恰如在靠近

▲ 慈祥为国救民图，描绘了范仲淹为官时救济民众的情形。选自清代的天津杨柳青年画

水边的楼台上就可以先看到水中的月亮，面朝太阳的花木可以更早感受到春天的到来。“近水楼台先得月，向阳花木早逢春”一句，见于宋代俞文豹的《清夜录》：“范文正公（范仲淹）镇钱塘，兵官皆被荐，独巡检苏麟（lín）不见录，乃献诗云：‘近水楼台先得月，向阳花木易为春。’公即荐之。”范仲淹向朝廷举荐了不少身边的官员，苏麟因在外县任巡检，离范仲淹远，没有被及时推荐，故写“近水楼台先得月”以表达不满。后以“近水楼台先得月”比喻由于与某人或某事物近而处于首先获得利益的优越地位。

10 古人不见今时月，今月曾经照古人。先到为君①，后到为臣②。莫③道君④行早，更有早行人。莫信直中直⑤，须防仁不仁⑥。

【注释】

①君：君主，古代国家的最高统治者。　②臣：君主时代的官吏，有时也包括普通民众。　③莫：不要。　④君：对他人的尊称。　⑤直中直：指表面上十分正直。　⑥仁不仁：指表面仁义而实际却不仁义。

【译文】

古人看不见今天的月亮，今天的月亮却曾经照射过古人。先到的做君主，后到的向人称臣。不要说你走得早，还有比你走得更早的人。不要相信那些表面上十分正直的人，要防止那些假仁假义的人。

【导读＋图说】

本段包含以下三层意思：

一是人生短暂，天地日月却恒久不变。“古人不见今时月，今月曾经照古人”一句，出自李白的《把酒问月》诗：“今人不见古时

▲ 李白把酒问月图，清代吴友如绘

月，今月曾经照古人。古人今人若流水，共看明月皆如此。”虽然把诗中的“今人不见古时月”改成了“古人不见今时月”，但意思并没有什么改变，表达的都是人在一代一代地更替，但天上的明月却无论古代还是现代，都一如既往地悬挂空中，没有丝毫改变，从而使人自然生发出对人生短暂的感慨和无奈。

二是强调争先、赶早的重要性。俗话说“赶早不赶晚”，也是指来得早总比来得晚会得到更多的好处。文中说“先到为君，后到为臣”，说得似乎有些绝对，但历史上确实曾经发生过这样的事情。春秋时期，齐国发生动乱，流亡国外的公子小白和公子纠争相回国，因为当时齐国没有国君，公子小白和公子纠谁先回到国内，谁就能当国君。结果公子小白抢先一步回到齐国，于是就成了齐国国君，这就是后来成为春秋五霸之一的齐桓公。而公子纠则连称臣的机会都没有，他在齐桓公的逼迫下，被鲁国人杀死。由此可见赶早、争先是多么的重要了。而且，在赶早的问题上还要注意，不要自认为早就行了，还要防止有比你更早的人，即所谓“莫道君行早，更有早行人”。

三是看待事物不能只看表面现象，而要把握其实质。世上道貌岸然、假仁假义的人很多，他们表面上一本正经，仿佛正义的化身，却满肚子男盗女娼，经常做见不得人的勾当。就像当今的某些贪官，在台上的时候义正词严，大谈贪污腐化可耻，清廉节俭光荣，一旦败露，才发现原来是贼喊捉贼。

11 山中有直树，世上无直人①。自恨②枝无叶，莫③怨太阳偏④。大家都是命⑤，半点不由⑥人。

【注释】

①直人：正直的人。 ②恨：遗憾。 ③莫：不要。 ④偏：不公正；偏袒（tǎn）。 ⑤命：命运，迷信的人指人一生注定的生死、贫富和一切遭遇。 ⑥由：听凭；听任。

【译文】

山中有长得笔直的树，世上没有绝对正直的人。树枝上不长叶子应该怪自己，不要去抱怨太阳不够公正。大家都受命运的支配，半点都由不得自己。

【导读】

本段包含以下三层意思：

一是世上没有绝对正直的人。所谓绝对正直的人，就是品德高尚，大公无私，且一辈子都没有犯过错误的人。这样的人当然是没有的。晚清名臣曾国藩曾经说过：君子一念之恶可成为小人，小人一念之善可成为君子。意即没有绝对的君子，也没有绝对的小人。孔子承认自己“七十而随心所欲不逾（yú）矩”，即到70岁以后，心里怎么想，就怎么去做，都不会违背规矩。言下之意，在70

岁之前，孔子还是有不少私心杂念，需要努力加以克制的。圣人尚且如此，何况普通民众呢？不过，话又说回来，“世上无直人”的说法也有些偏激，它极易给人们世上无好人的印象，所以这样的说法并不是很妥当。

二是当遇到不如意之事的时候，不要怨天尤人，而应多从自身寻找原因。一棵树木，树枝上没有长出叶子，或许是该树枝已经枯死，或许是因为缺少水分，等等，却去怨恨太阳偏心，这无疑是没有道理的。正如一批人去参加考试，有的人考上了，有的人没有考上，没有考上的人应该怪自己准备得不够充分，或临场发挥不好，却去责怪考试部门的题目没有出好，这样做当然是很不恰当的。孔子曾经说过，一个人把箭射向目标，如果没有射中，只能怪自己的技术不好，而不要去怪弓不够好。

三是一切都是命中注定，即所谓“大家都是命，半点不由人”。这种观念当然是错误的。类似的观念也出现在本书的第3段中：“运去金成铁，时来铁似金。”相关论述可参阅该段的“导读”。

12 一年之计①在于春，一日之计在于寅②，一家之计在于和③，一身之计在于勤。责④人之心责己，恕⑤己之心恕人。守口如瓶⑥，防意如城⑦。

【注释】

①计：考虑；打算。 ②寅：指凌晨三点至五点钟。 ③和：融洽；谐调。 ④责：要求；期望。 ⑤恕：宽容；原谅。 ⑥守口如瓶：闭嘴

【译文】

一年的打算在春天就要定好，一天的打算在寅时就要定好，一个家庭的关键在于和睦，一个人要发展关键在于勤奋。用要求别人的心理来要求

不说，就像塞紧了瓶口的瓶子一样。形容说话谨慎或严守秘密。 ⑦防意如城：防止私欲萌生，就像守城防敌一样。

自己，用宽容自己的心理去宽容别人。闭嘴不说，就像塞紧了瓶口的瓶子一样；防止私欲萌生，就像守城防敌一样。

【导读＋图说】

本段包含以下三层意思：

一是以“一……之计”的形式表达了“一年”“一日”“一家”“一身”需要注意的关键之处：春天是一年的开始，所以一年的关键在于春天就要计划好这一年该怎么过；寅时（即凌晨三至五点钟）是一天的开始，所以在寅时就要为这一天该怎么过作出安排；家和万事兴，所以一个家庭的关键在于和睦；业精于勤荒于嬉（xī），学业或事业因为勤奋而精通，因为漫不经心而荒废，一个人只有勤奋学习，努力工作，才会提高自身的素质，使自身的价值最大化，所以一个人成功的关键在于勤奋。这些都是充满了

▲ 子贡辞行图，描绘了孔子教导子贡的情形。选自《孔子圣迹图》

正能量的话。

“一日之计在于寅”原作“一日之计在于晨”，出于南朝梁萧绎（yì）的《梁帝纂要》：“一年之计在于春，一日之计在于晨。”

二是对自己的要求应严格，对他人应宽容。人在不自觉中都会犯一个毛病，就是宽于律己，严于待人。当自己犯了错误时，会找种种借口来为自己辩解；而当别人犯错误时，则严格要求，甚至苛求对方，不给对方辩解的机会。正是针对这种偏颇的做法，《论语·颜渊》及《论语·卫灵公》中提出了“己所不欲，勿施于人”的观点。如《论语·卫灵公》中载：“子贡问曰：‘有一言而可以终身行之者乎？’子曰：‘其恕乎！己所不欲，勿施于人。’”孔子的弟子子贡问孔子：“有没有一辈子都可以遵行的一个字呢？”孔子说：“那就是‘恕’字吧！自己所不想要的，就不要强加给别人。”本文中的“责人之心责己，恕己之心恕人”，亦可看作“己所不欲，勿施于人”的另一种形式的表达。

三是说话要谨慎，要严防私心杂念，即所谓“守口如瓶，防意如城”。“守口如瓶，防意如城”的说法见于宋代晁说之的《晁氏客语》：“刘器之（安世）云：富郑公（弼）年八十，书座屏云：‘守口如瓶，防意如城。’”意思是：刘安世说，富弼在80岁时，在自己座位旁的屏上写了这么几个字：“守口如瓶，防意如城。”不过，富弼所写并非自己创造，而是引自佛教经典《维摩经》，只是《维摩经》中作“防意如城，守口如瓶”，次序恰相颠倒。

▲ 富弼像，选自清代的《历代名臣像解》

13 宁可人负①我，切莫②我负人。再三须重事③，第一莫欺心④。虎生⑤犹⑥可近⑦，人熟不堪⑧亲⑨。来说是非⑩者，便是是非人。

【注释】

①负：背弃；辜负。 ②切莫：千万不要。 ③重事：重大的事。 ④欺心：自己欺骗自己。 ⑤生：不熟悉的；不认识的。 ⑥犹：还；尚且。 ⑦近：接近。 ⑧堪：能；可以。 ⑨亲：亲近；接近。 ⑩是非：因说话而引起的误会或纠纷。

【译文】

宁可别人辜负我，千万不要我辜负别人。遇到重大的事情要反复考虑，最重要的是不要自我欺骗。陌生的老虎还可以接近，太熟悉的人就不要亲近。前来说是非的人，便是制造是非的人。

【导读+图说】

本段主要包含以下三层意思：

一是做人要心地坦荡，不可做对不起他人之事。人生活在社会中，常常会遇到各种人与人之间的冲突，如何应付这种冲突呢？有的人采取主动出击的方式，先发制人，把对方击败；有的人则采取守势，人不犯我，我不犯人，人若犯我，我再犯人。这里说的则是第三种方式：人若犯我，我照样不犯人，即所谓“宁可人负我，切莫我负人”。在中国历史上，采用这种处世方式的人通常能受到人们的称赞，不过其负面影响也是十分明显的，那就是纵容了坏人坏事。

其实，“宁可人负我，切莫我负人”原作“宁我负人，毋人负我”，出自《三国志·魏书·武帝纪》裴（péi）松之注引孙盛《杂记》：“（曹操）闻其食器声，以为图己，遂夜杀之。既而凄怆（chuàng）

曰：‘宁我负人，毋人负我！’遂行。”东汉末年，曹操因暗杀董卓不成，匆忙逃跑。路上遇到一个朋友，请他到家里住下，并为他准备食物。夜里，曹操听到移动食物器皿的声音，以为这位朋友将出卖自己，便连夜把他杀了。然后凄然地对自己说：“宁可我辜负别人，不可让别人辜负我。”需要注意的是，曹操说此话是有特殊背景的，那就是在面临生死存亡的关键时刻，他不愿意拿自己的性命开玩笑，才有如此之言行。

二是对身边的熟人要特别提防，不要因为熟悉而对他放松警惕。现在流行一个词，叫作“杀熟”，即一些无良之人，专门坑骗自己的熟人朋友，以获取利益。文中说“人熟不堪亲”，即太熟悉的人不要亲近，为什么呢？因为太熟悉的人对你十分了解，要坑你非常容易。由此可见，“杀熟”是古已有之的现象。与被素不相识的人欺骗相比，受到熟人的欺骗，给人带来的伤害要大得多。而要避免这种伤害，首先就不要盲目信任熟人，千万不要把熟人等同于可靠或可信的人。不过话又说回来，“杀熟”的人毕竟是少数，我们不能因此而去怀疑所有的熟人。

三是要提防搬弄是非的人。人人都追求和谐宁静的生活，可是树欲静而风不止，总是有一些不如意的事情纠缠着你。而在诸多不如意的事情中，有一些就是人为制造出来的。如有

▲ 曹操像，选自《清抄绘图描金银〈三国志演义〉》

的人在背后议论你几句，说几句不中听的话，发议论的人也许就是随口这么一说，你不知道也就罢了，却偏偏有一些好事之人，把别人对你的议论告诉了你，有的甚至还添油加醋。遇到这样的事情，你自然会痛恨那个议论你的人，而对前来传话的人心存感激，认为他是在为你着想。然而，如果你反过来想一想：假如他不把别人的议论告诉你，你就什么都不知道，既不会心烦，也不会生出对那个议论你的人的怨恨。因此此时你该责怪的其实是那个传话的人，而不是那个议论你的人。所以说“来说是非者，便是是非人”，我们一定要擦亮眼睛。

14 远水难救近火，远亲①不如近邻。有茶有酒多兄弟，急难②何曾③见一人。人情④似纸张张薄，世事如棋局局新。山中也有千年树，世上难逢百岁人。

【注释】

①远亲：住处相隔很远的亲戚。②急难：危难；危急的事。③何曾：用反问的语气表示未曾、没有。④人情：人的感情。

【译文】

很难用远处的水来救灭近处发生的大火，住得很远的亲戚不如近处的邻居。有茶有酒的时候身边兄弟朋友很多，等你碰到危难之事的时候却一个人都找不到。人的感情就像一张张的纸一样十分单薄，世上的事情就像棋局一样每一局都是新的。山中也有生长千年的古树，世上很难碰见活到百岁的老人。

【导读＋图说】

本段主要讲述了作者对人情的看法。

首先，作者认为，人情是实实在在的东西，它是在日常交往中发展起来的。通常说来，有血缘关系的亲情是最重要的，它大于朋友之情和邻里之情；然而，如果亲情不在交往中加以培养，如亲戚之间相隔遥远，且互相之间很少来往，则它还不如邻里之情。因为邻里之间抬头不见低头见，长期生活在同一个环境中，碰到事情可以相互帮助，由此建立起来的感情便能超过某些亲情，所以说“远亲不如近邻”。

其次，人情又往往是势利的，当你事业顺遂、有财有势的时候，家中常常高朋满座；然而，当你一旦失势的时候，这些昔日的高朋便会一个个离你远去。所以作者慨叹“人情似纸张张薄”。据《史记·孟尝君列传》载，孟尝君在战国时任齐国的宰相，家中有门客三千。后来，齐王以孟尝君擅权的罪名，撤了他的职。那些门客见孟尝君失势，便纷纷离他而去。只有一个名叫冯驩（huān）的门客，不仅没有离开孟尝君，反而设法让孟尝君恢复了相位。那些门客见孟尝君又有了权，便又一个个回头来找他。孟尝君对此十分气愤，表示一定要好好羞辱这些门客。冯驩劝孟尝君不要这样做，他说，你只要看看人们对待集市的情形就知道该怎么做了。每当天亮的时候，人们争着往里挤，因为那里有大家想要的东西；而到天黑的

▲ 冯驩像，清代吴友如绘

时候，人们连看都不看它一眼，因为里面空荡荡的，没有人们想要的东西。孟尝君听后恍然大悟。

当然，以上所说只是人情的一个方面，世间还是存在真情的，如管仲与鲍叔牙相交，鲍叔牙主动把相位让给管仲；刘、关、张桃园三结义，生死不渝（yú）；等等，都是典型的例子。

15 力微休①负重②，言轻③莫④劝人。无钱休入众⑤，遭难⑥莫寻亲。平生⑦莫作皱眉事⑧，世上应无切齿⑨人。士⑩者国之宝，儒⑪为席上珍⑫。

【注释】

①休：不要。 ②负重：身背重物。负：用背载物。 ③言轻：说出的话没有分量。 ④莫：不要。 ⑤入众：指与众人在一起。 ⑥遭难：遭遇灾难或困难。 ⑦平生：一生；终身。 ⑧皱眉事：使人忧虑或不高兴的事情。 ⑨切齿：咬紧牙齿，形容非常愤恨。 ⑩士：指读书人。 ⑪儒：儒生，遵从儒家学说的读书人。 ⑫席上珍：座席上的珍宝。

【译文】

力气小就不要去背负重物，说出的话没有分量就不要去规劝别人。没有钱就不要与众人在一起，遭遇灾难时不要去向亲戚求助。一生不做使人忧虑或不高兴的事情，世上应该不会有痛恨你的人。读书人是国家的宝贵财富，儒生是座席上的珍宝。

【导读＋图说】

本段包含以下两层意思：

一是告诫人们尽量不要去做这样五个方面的事情：1. 力气小而去背负重物；2. 说出的话没有分量却去规劝别人；3. 没有钱

却成天与众人待在一起；4. 遭遇灾难时去向亲戚求助；5. 做出来的事情让人皱眉头。这其中，1、2、5三个方面比较容易理解，因为所说都是生活中的常识，唯有3和4不太好理解。为什么没有钱就不要与众人在一起呢？因为与众人在一起就难免发生需要花钱的事，如一起吃喝、游玩等。正常情况下，大家轮流做庄，其乐融融。而当你没有钱时，你就只能占别人的便宜，这样久而久之，你就会被大家讨厌。所以当你手头没有钱时，就不要再与众人待在一起。

当一个人遭遇灾难时，会很自然地向最亲近的人求助，为什么这里说“遭难莫寻亲”呢？这其实也是从人情势利的角度说的。因为喜欢锦上添花、不爱雪中送炭，扶强不扶弱，是一些人根深蒂(dì)固的坏毛病。当你春风得意、事业顺遂时，你去见自己的亲戚，他们肯定会十分热情地接待你，因为他们希望能借此沾光；而当你落魄不堪、两手空空时，你再去见自己的亲戚，他们就会生怕你提什么要求，从而给他们带来麻烦和损失。越剧《五女拜寿》演绎(yì)的故事就很有代表性。明朝嘉靖(jìng)年间，户部侍郎杨继康有五个女儿，都已结婚成家。后来，他因得罪权臣严嵩而被抄家，只好去向女儿女婿们求助，结

▲ 孔子与鲁哀公图，描绘了孔子答鲁哀公儒者为席上之珍的情形。选自明代的《瑞世良英》

果其中的四个女婿都予以拒绝，甚至有的还生怕惹祸上身，从而落井下石。所以当你遭遇灾难时去找亲戚，是十分忌讳的事。当然，这里说的也只是事情的一个方面，因为当你遇到困难时，大多数亲戚还是会慷慨相助的，那些因此而躲着你或疏远你的亲戚，毕竟是少数。

二是强调了读书人尤其是儒生的重要性，称他们是“国之宝”“席上珍”。“儒为席上珍”的说法出自《礼记·儒行》：“哀公命席，孔子侍，曰：‘儒有席上之珍以待聘（pìn）’”。意即鲁哀公命左右之人为孔子铺上席子，孔子陪鲁哀公坐定，说：“儒者就像座席上的珍宝，等待人君召聘。”后以“席上珍”或“席珍”比喻儒者美好的才学。

16 若要断酒法①，醒眼②看醉人。求人须求大丈夫③，济④人须济急时无⑤。渴时一滴⑥如甘露⑦，醉后添杯⑧不如无。久住令人贱⑨，频来亲也疏。

【注释】

①断酒法：戒酒的方法。

②醒眼：清醒的眼光。

③大丈夫：有志气、节操和作为的男子。

④济：救助。

⑤急时无：指急需的时候缺乏的。

⑥一滴：指一滴水。

⑦甘露：甜美的露水。

⑧添杯：往酒杯中添酒。

⑨贱：嫌恶（wù）；憎恶。

【译文】

如果想找到戒酒的方法，就用清醒的眼光去看喝醉的人。求人要去求大丈夫，救助人的时候要去救助急需救助的人。口渴的时候喝一滴水也会甜美无比，喝醉以后再往杯中添酒就不如不添。在别人家里住得太久会令人嫌弃，来的次数太多再亲近的关系也会疏远。

【导读+图说】

本段主要包含以下三层意思：

一是最好的戒酒方法就是在你清醒时去看那些醉汉的丑态。众所周知，适量喝酒有益健康，过量喝酒则不但会损害健康，有时还会让人做出后悔莫及之事，如醉后吐真言，醉后失态，醉后撒泼，甚至醉后驾车撞人，等等。既然酒醉的后果如此严重，一个有理智的人，自然会想到要戒酒。但是，有过戒酒经历的人都知道：每当你醉后痛苦不堪的时候，就会发誓，以后再也不喝酒了；可是当下次再有机会喝酒时，你又会不知不觉地把自己灌醉。如何防止这种恶性循环呢？作者提出的方法是去看醉汉的丑态。这当然会产生一定的作用，但要真正达到戒酒的目的，恐怕也不是那么容易。

二是无论求人还是帮人，都要选择正确的途径。求人的正确途径是找大丈夫帮忙，即找那些有魄力、有担当、有节操的男子汉，这样的人，一旦答应帮你忙，便会排除一切困难帮你到底。据《史记·刺客列传》载，春秋时期，吴国的公子光想杀死吴王僚，自立为君，于是找勇士专诸帮忙。公子光对待专诸十分尊敬，专诸被感动，便答应了公子光的请求。一次，公子光请吴王僚到自己

▲ 专诸刺吴王僚图，汉墓画像石

家里做客，吴王僚为防止公子光发动袭击，带去了大批武士保护自己。专诸则假装为吴王僚上菜，抽出藏在鱼肚子里的匕首，一下子就刺死了吴王僚。专诸也随即被吴王僚的武士杀死。在这个故事中，专诸明知自己此举必死无疑，但为了报答公子光的知遇之恩，仍义无反顾地去完成自己的承诺。因此，专诸无愧于“大丈夫”的称号。

求人如此，那么帮人的正确做法又是什么呢？作者的建议是：“济急时无”，即救助那些确实需要救助的人。为什么这么说呢？因为“渴时一滴如甘露，醉后添杯不如无”，口渴的时候喝一滴水也会感到甜美无比，喝醉以后再往杯中添酒不如不添。言下之意是：那些真正需要救助的人，哪怕你给他很少的一点帮助，也会十分管用；相反，那些不需要救助的人，你给他再多的帮助也没有多少用处。这种说法当然是十分有理的，然而，在现实生活中，却常常不是如此。有一些人，他们宁可把好处给富人，也不愿意给穷人。因为把好处给富人，他可以获得回报；而把好处给穷人，他得不到什么回报。正因为一些人从个人私利出发，所以在现实生活中，常常是锦上添花者众多，而雪中送炭者却少之又少。

三是人与人之间的交往要保持一定的度。老死不相往来当然不好，过于频繁的往来或长期在亲戚朋友家居住也不好，它会使人产生厌烦心理，即所谓“久住令人贱”。该观点在第5段中也有类似的表述：“久住难为人”，即在一起住的时间长了就难以相安无事。这些都属人之常情，用不着作过多的解释。

17 酒中不语①真君子②，财上分明③大丈夫④。出家⑤如初，成佛⑥有余。积金千两，不如明解⑦经书⑧。养子不教如养驴，养女不教如养猪。

【注释】

①酒中不语:指喝酒时不胡言乱语。②君子:人格高尚的人。③分明:光明磊落。④大丈夫:有志气、节操和作为的男子。⑤出家:离开家庭到庙宇里去做僧尼或道士。⑥佛:佛教徒称修行圆满的人。⑦明解:熟悉;明了。⑧经书:指《周易》《诗经》《论语》等儒家经传。

【译文】

喝酒时不胡言乱语的人是真正的君子,在钱财上光明磊落的人才是大丈夫。出家人一直保持刚出家时的虔(qián)诚心态,就肯定能够成佛。积蓄千两黄金,还不如弄通儒家的经传。养儿子不教育就如同养驴一样,养女儿不教育就如同养猪一样。

【导读+图说】

本段主要包含以下四层意思:

一是在喝酒时不要胡言乱语,在钱财上一定要光明磊落。酒能乱性,有不少人,平常的时候一本正经,自律很严,但几两酒下肚,就口无遮拦,判若两人。但是也有一些人,即使喝再多的酒,哪怕烂醉如泥,他也不会胡说八道,仍能保持他未喝酒时的为人风格,这样的人,就是作者认为的"酒中不语真君子"。

一个男人,最难过的有四道关:酒、色、财、气。上面讲了酒,接下来讲讲财。财富是人们生活的物质基础,因此,几乎没有人不爱财的。孔子就曾说过:"富而可求也,虽执鞭之士,吾为之。"(《论语·述而》)意即如果可以求得财富,即使是手拿皮鞭供人差遣的工作,我也愿意去做。但孔子同时又说:"不义而富且贵,于我如浮云。"(同上)即通过不义的手段得来的富贵,对于我来说就像天边的浮云一样。一方面承认喜欢并且追求财富,一方面又讲君子爱财,取之有道,这就是儒家的财富观。而真正实践这种财富观的人,便是"财上分明"的"大丈夫"。

二是钱财虽然重要，但弄通儒家经典、掌握儒家之道比钱财更重要，此即“积金千两，不如明解经书”的确切含义。关于这一思想，《论语》中也有不少论述。如《卫灵公》篇中说：“子曰：‘君子谋道不谋食。……君子忧道不忧贫。’”意思是：孔子说：“君子谋求的是道而不是饮食。……君子担忧的是不能获得道，而不是贫穷。”为什么呢？孔子解释说，一是因为“耕也，馁(něi)在其中矣；学也，禄(lù)在其中矣”(《论语·卫灵公》)，即从事耕种的人，常常会挨饿，而从事学业的人，却能得到俸(fèng)禄；二是因为人与动物不同，动物追求的是有食物吃，人应该追求的则是正义和道德。这种思想，在普通人看来，似乎有些迂(yū)腐，但在重视精神境界的人看来，却是真知灼见。

▲ 贤母教子图，清代康焘绘

三是做事情要慎终如始，不要虎头蛇尾。所谓慎终如始，指在事情结束时仍然慎重，就像刚开始时一样。不少人做事有一个毛病，就是五分钟热气。比如决定每天早晨起来锻炼身体，结果头一两天还能坚持，到第三四天就又贪睡懒觉去了；比如决定从今天起要每天背一首唐诗，结果坚持了几天就又放弃了。有的人之所以一辈子一事无成，就是因为不能做到慎终如始、善始善终。关于这一思想，作者表述为“出家如初，成佛有余”，用和尚出家为例来加以说明。一些人之所以削发为僧尼，就是自以为已看破红尘，尘世的一切不值得留恋，便想着与古佛青灯相伴一生。谁知出家一段时间后，对男女之情、世俗名利却更加留恋起来，于是便做出违背清规戒律之丑事。因此，出家后的僧尼，如果真能像刚出家时那样，虔诚信佛，心无旁骛（wù），想要达到佛教追求的境界并非什么难事。

四是要注重对子女的教育。关于这个问题，作者说的话很重：若不重视对子女的教育，则养子女就像养驴、猪等动物一样。孟子曾经说过，人与动物的根本区别在于人有道德，而动物则无道德。孟子虽然主张人性善，但他认为道德只有通过后天的教育和培养才能真正获得。因此，父母把子女生下来后，便负有让他们接受教育的责任，这个教育不光指文化知识方面，也包括道德品质方面。反之，如果对子女不作任何教育，光是供他们吃穿，把他们养大，这与养动物又有什么区别呢？

18 有田不耕仓廪（lǐn）①虚，有书不读子孙愚。仓廪虚兮②岁月③乏④，子孙愚兮礼义⑤疏⑥。同君⑦一夜话，胜读十年书。人不通⑧古今，马牛而襟裾（jīnjū）⑨。

【注释】

①仓廪：贮（zhù）藏米谷的仓库。

②兮：相当于“啊”。　③岁月：年月。泛指时间。　④乏：缺少。

【译文】

有田不去耕种，粮仓就会空虚；有书不去阅读，子孙就会愚昧。粮仓

⑤礼义:礼法道义。 ⑥疏:冷淡;漠视。 ⑦君:对他人的尊称。 ⑧通:懂得;了解。 ⑨马牛而襟裾:马牛穿着人的衣服。原指人不学无术,不懂礼义廉耻。后比喻人徒有外表而行为卑劣,毫无人性。襟裾:衣的前襟或后襟,也借指衣裳。

空虚,过日子就缺乏保障;子孙愚昧,就会不重视礼法道义。与君谈一个晚上的话,比读十年书的收获还要大。作为人而不知道古今历史,就像马牛穿着人的衣服一样。

【导读+图说】

本段主要包含以下两层意思:

一是说明了学习的重要性。作者认为,人不读书学习就会愚昧,而愚昧的人就会不懂礼法道义,这样的人活在世上,就像牛马穿着人的衣服一样。说到学习重要,这几乎是人人皆知的道理,然而,真正能认真实行的人却并不多。当然,我在这里所说的学习,指的是系统的学习,如阅读古代经典,了解古今历史变迁,掌握某一方面的专业知识,等等;而不是指随便翻阅,看些穿越小说,从网络上了解明星绯(fēi)闻之类。那么一些人为什么不愿意系统地去读书学习呢?究其原因,除了系统地读书学习比较枯燥乏味,还有一个原因就是学习的好处没有明显地体现出来。在中国古代,实行科举考试,那些成绩好的人,哪怕你出身贫贱,只要你考中了进士,就能一步登天,成为社会的主流人物。现在则不同,即使你上了最好的大学,假如没有过硬的关系,还是找不到好的工作。相反,那些学习成绩不怎么样的人,假如他有过硬的后台,照样能找到好工作。这就给人一个印象,似乎学习好并不重要。但是我奉劝大家,千万不要这么想,千万不要被一时的现象所迷惑。因为长期来看,一个人能否在社会上有好的发展,关键还在于看他是否有真才实学,如确实有真本事,那么也许暂时的境况并不如意，但终究会有出人头地的一天。所谓"是金子总会发光"，说的就是这个道理。

二是一个人想要有所作为，当然需要埋头苦干，但也不能光靠埋头苦干，有的时候与人交流交流，扩大视野，也会收到事半功倍的效果；尤其是当你有幸碰上高人或明师的时候，他的一番点拨，会让你豁（huò）然开朗，找到解决问题的方法或使事业走向成功的捷径，这就是"与君一席话，胜读十年书"的含义。东汉末年，刘备到荆州依附刘表，感到前途渺（miǎo）茫，内心十分忧愁苦闷。后来，他经人介绍，认识了诸葛亮。诸葛亮向他分析天下大势，提出了三国鼎立的战略构想。刘备当时的感觉，就是"与君一席话，胜读十年书"，于是马上聘（pìn）请诸葛亮为军师，开始与曹操、孙权等争夺天下。

▲ 定三分隆中决策图，描绘了诸葛亮向刘备提出三分天下战略的情形。选自清代朱芝轩的《〈三国志演义〉全图》

"人不通古今，马牛而襟裾"的说法出自唐代韩愈的《符读书城南》："人不通古今，马牛而襟裾；行身陷不义，况望多名誉。"后以"马牛襟裾"比喻人徒有外表而行为卑劣，毫无人性。

19 茫茫①四海②人无数，哪个男儿是丈夫③。白酒酿（niàng）成缘④好客，黄金散尽⑤为收⑥书。救人一命，胜造七级浮屠⑦。城门失火，殃及⑧池⑨鱼。

【注释】

①茫茫：形容没有边际，看不清楚。 ②四海：指全国各处，也指全世界各处。 ③丈夫：这里指大丈夫，指有所作为的人。 ④缘：因为。 ⑤散尽：指花光。 ⑥收：收购。 ⑦浮屠：佛塔。 ⑧殃及：连累。 ⑨池：指护城河。

【译文】

茫茫四海中有数不清的人，又有哪个男子称得上是真正的大丈夫。因为喜欢与客人相聚，所以酿好了白酒；花光手中的黄金，是为了收购书籍。救人一条性命，胜过建造七层高的佛塔。城门着了火，连护城河里的鱼也跟着遭殃。

【导读】

本段主要包含以下三层意思：

一是希望社会上能出现真正的男子汉大丈夫。“哪个男儿是丈夫”，无疑表达了作者对其所处时代缺乏英雄的失望。我们通常说历史是人民创造的，但这是从归根结底的意义上说的，并不能因此否定英雄的价值和作用。比如我们看中国通史，每当看到刘邦、汉武帝、唐太宗等人物的时候，总会觉得兴趣盎（àng）然；而当看到某些缺乏英雄人物的朝代时，便会觉得死气沉沉，索然无味，这就从一个侧面反映了英雄的价值。有的时候，当社会上发生了明显的不公正之事，却没有一个人敢站出来说话，此时我们也会油然发出“哪个男儿是丈夫”的感慨。为什么世上缺少真正的大丈夫呢？那是因为大丈夫不是那么好当的，只有有能力、敢担当，且随时准备牺牲自己的人，才有资格去当。

二是人命至重，性命关天，因此，若能在他人面临危险的时候救其一命，那是功德无量的事，比造七级浮屠的功德还要大。七级浮屠即七层高的佛塔。佛塔开始时的主要用途是存放高僧的佛骨即舍利子，后来也成为高僧、活佛去世后的遗体安放之处。塔的层级通常为奇数，有一、三、五、七、九层等。

三是人有时候会遭受无妄之灾，即会因偶然的牵连而遭受祸害或损失，所谓“城门失火，殃及池鱼”，说的就是这个道理。关于“殃及池鱼”的含义，历来有两种解释，一种认为池鱼即池仲鱼，是人名。池仲鱼居住在宋城门，因为城门着了火，延烧到池仲鱼家，池仲鱼被烧死。一种认为池鱼即护城河中的鱼，宋城门失火，人们用护城河中的水去救火，结果水被汲(jí)干，里面的鱼因此干死。不过，无论池鱼是人名还是指鱼，都是不幸的受连累者。

20 庭前①生瑞草②，好事不如无。欲求生③富贵，须下死工夫④。百年成之不足⑤，一旦⑥坏之有余⑦。人心似铁，官法⑧如炉。善化⑨不足，恶化⑩有余。

【注释】

①庭前：堂前地；院子。 ②瑞草：古代以为吉祥的草，如灵芝之类。 ③生：活的。 ④死工夫：苦功夫。 ⑤成之不足：不能把事情办好。不足：不充足；不够。 ⑥一旦：一天之间。指很短的时间。 ⑦坏之有余：

【译文】

院子里长出了吉祥的草，这样的好事不如没有。想要在活着时获得富贵，必须拼命付出努力。花费百年的功夫都不能办好的事情，想把它毁坏却极为容易。人的心像铁一指足能把事情办坏。 ⑧官法：国家的法规、法律。 ⑨善化：指善的影响。 ⑩恶化：指恶的影响。

样，国家的法律则像能熔化铁的炉子一样。善的影响如果不够，就极易受到恶的影响。

【导读+图说】

本段包含以下四层意思：

一是为人处事必须务实，不要去追求虚幻的东西。中国古代有祥瑞之说，认为龙、凤、麒麟（qílín）、灵芝等都是预示吉祥的动植物，它们只有在帝王有德、天下太平的时候才会出现。因此，古代一些喜欢奉承的官员，会经常向朝廷奏报祥瑞，而一些好大喜功的皇帝，也会沉迷其中。然而，那些真正有作为的皇帝，则不会受此迷惑，他们认为，真正的祥瑞，是五谷丰登，老百姓安居乐业，而不是龙凤灵芝之类。所以说“庭前生瑞草，好事不如无”。

二是要求得富贵，必须付出艰苦的努力。人生活在世上，谁都想享受荣华富贵，这种想法并没有错，关键是如何去获得荣华富贵。有的人是通过投机取巧，如奉承拍马、贿赂官员等；有的人是通过违法犯罪，如抢劫杀人、贩卖毒品等。这些都是不正当的途径，而且借此得来的富贵也靠不住，一旦事发，不但会失去富贵，甚至还会锒铛（lángdāng）入狱。也有的人是通过碰运气，如买彩票之类，但靠这样发财的概率实在是太低了。因此，求得富贵的真正可靠的途径是付出自己的努力，通过自己的辛勤劳动和工作去获得回报。所谓一分耕耘（yún）一分收获，幸福不是从天上掉下的毛毛雨，说的都是这个道理。

三是毁事容易做事难。比如造一幢房子，从画图纸，挖地基，砌（qì）墙，盖房顶，到内部装修，每个步骤都要付出不少心血，花费不少时间，可是等到要把此房子拆除时，三下五除二，一天半天就拆完了。在这个问题上，被英法联军烧毁的圆明园就是一个

▲ 圆明园中的海晏堂，其中有著名的十二生肖兽像。清代宫廷画家绘

极具说服力的例子。圆明园是清代名园之一，始建于康熙四十八年（公元1709年），周围约10千米。凿湖堆山，种植奇花异木，有建筑物一百四十五处，内中陈设极其豪华，有“万园之园”的美誉。1860年，英法联军侵入北京，劫掠园中珍宝后纵火把它烧毁。英法联军之所以要这么做，主要是为了掩盖自己的抢劫罪行，却使一座花费一百多年时间才建起来的豪华园林付之一炬，这无论是对中华文明还是世界文明来说，都是不可估量的重大损失。所以，人们在毁坏某件东西的时候，一定要慎重对待：对于那些行将成为废物的东西，当然可以毁掉，但对于那些尚有价值尤其是有丰富历史文化价值的东西，必须予以妥善保护。

四是一定要重视对人的道德教育，因为人的道德不是自然形成的，而是通过后天的家庭、学校等的教育而成的，如果人们忽视这方面的教育，人的道德就无法培养，人就会自私自利，不讲礼义，甚至干出种种违法之事，此即所谓“善化不足，恶化有余”。不过，对于“善化不足，恶化有余”，学者们有不同的理解。有的认为，此句应与上句“人心似铁，官法如炉”联系起来，“善化”和“恶化”的主语是官法，因此，它指对于良善的人，国法能促使他把不足的方面转化为完美；对于坏人，国法能把他其余的坏习气也都消除改变掉。这种理解看似有理，其实是错误的。因为国法的根本作用是惩恶，而良善的人也就是有德行的人，他不需要借助国法来转化自己不足的方面；而对于坏人来说，国法的作用是对其违法行为作出惩罚，而不是消除改变他的坏习气。

21 水太清则无鱼，人太急则无智。知者①减半，省（shěng）②者全无。在家③由④父，出嫁从夫。痴人⑤畏妇，贤女敬夫。

【注释】

①知者：聪明的人。知：通“智”。 ②省：通“眚（shěng）”，指过失、灾害。有的本子作“愚”。

③在家：指女子未婚。

④由：听凭；听从。

⑤痴人：愚笨的人。

【译文】

过于清澈（chè）的水中不会有鱼，人过于着急就会缺乏智慧。聪明的人减少一半的明察和急躁，就不会有灾祸。女子未嫁时要听从父亲，出嫁后要听从丈夫。愚笨的人惧怕妻子，贤惠的女子尊敬丈夫。

【导读＋图说】

本段包含以下三层意思：

一是做人要从容，要有包容之心。因为“人太急则无智”，人在过于着急的情况下会六神无主，智计全无。虽有“急中生智”的说法，但那毕竟属于例外。人只有在从容不迫的情况下，才能冷静应对生活中发生的一切，采取最合理的方法去解决矛盾或危机。

除了从容，人还应该有包容之心。俗话说，世上不如意之事常十七八，即十分之七八的事情都不会称心如意，但生活还得继续，因此，最好的处世方式，便是大度包容。如有的人在言语上冒犯了你，你可以一笑置之；有的人身上有不少毛病，你不要因此而拒人千里之外。因为正如“水太清则无鱼”，如果你对所有人都求全责备，你就会交不到朋友，成为孤家寡人，有时甚至还会招来不小的麻烦。据《晋书·嵇（jī）康传》载，嵇康是三国时人，曾在魏国任中散大夫，恬淡寡欲，是著名的“竹林七贤”之一。嵇康酷爱打铁，他在贫穷时，曾经与向秀一起在大树下打铁，借此维持生计。一次，颍（yǐng）川的贵公子钟会前去拜访他。嵇康因为看不上钟会，便没有搭理他，继续打铁。钟会因此心中怀恨，后来便趁机向司马昭进谗（chán），杀了嵇康。

▲ 嵇康锻铁图，清代任熊绘

“知者减半，省者全无”一句颇为费解。我在此把它与上句相连，释为聪明人如果减少一半的明察和急躁，就不会有灾祸。但我不敢说这就是确解，因为我在此把“省”释为“眚”，但“省”也有明白、理解等意思。有一些本子不作“省”而作“愚”，学者们把它译为世上的聪明人若减少一半，那就找不到一个愚蠢的人了，并找出各种理由来进行解释，但总让人觉得牵强。

二是女子要听从男子的话，未出嫁时要听从父亲的，出嫁后要听从丈夫的。这种说法出自《礼记·郊特牲》:"妇人,从人者也:幼从父兄,嫁从夫,夫死从子。"意即妇人就是听从别人的人:年幼时听从父亲和兄长,出嫁后听从丈夫,丈夫死后听从儿子。这种观念后来被称为"三从"。"三从"的观念严重地束缚了女子的自由,是中国封建时代的一种错误观念。

三是贤惠的女子要敬重丈夫,而不要让丈夫怕自己。当然,夫妻之间谁怕谁,并不是由一方决定的,而是双方互动的结果。因为所谓"贤女敬夫",首先必须是丈夫值得让人尊敬,一个行为不端的丈夫是无法让妻子去尊敬他的。而所谓"痴人畏妇",也不是因为妻子真的有多么可怕,而是因为"痴人"即愚笨的丈夫发自内心要去怕老婆,让人无可奈何。有一个成语叫作"举案齐眉",说的就是"贤女敬夫"的故事。据《后汉书·梁鸿传》记载,东汉时,梁鸿学识渊博,品德高尚,与妻子孟光一起在霸陵山隐居,以耕织为生。只要梁鸿从外面干活回来,孟光为他端来食物,每一次都是把盛食物的木托盘举得与眉毛相齐的高度。后以"举案齐眉"指妻子敬重丈夫。

▲ 高士图(局部),描绘了孟光举案齐眉的情形。五代时卫贤绘

22 是非①终日②有，不听自然无。宁可正③而不足④，不可邪⑤而有余。宁可信其有，不可信其无。

【注释】

①是非：因说话而引起的误会或纠纷。 ②终日：从早到晚。 ③正：正当，人品端正。 ④不足：不充足；不够。 ⑤邪：不正当。

【译文】

生活中的误会或纠纷整天都会有，不去听它自然就跟没有一样。宁可为人端正而生活不富足，不可为人奸邪而财富充足。宁可相信有那么回事，不要相信它没有。

【导读＋图说】

本段包含以下三层意思：

一是对待是非的最好方法是闭目塞听，远离是非之事。生活中的是非之事层出不穷，如某某说你的文章写得不好，某某说你曾经受过处分，某某说你的孩子长得太丑，某某说你的爱人为人太傲，等等。这些事情，并不是什么大不了的事，但是你听到以后肯定会烦心，尤其是若你知道了是谁说的，便会对这个人感到不满甚至充满恨意。但是，假如你压根儿不知道这些传言呢？生活照样会继续，一切都仿佛没有发生过。因此，两相比较，与其让自己知道这些是非，还不如不知道，所以说“是非终日有，不听自然无”。唐代宗时，郭子仪的儿子郭暧（ài）娶公主为妻。一次，小两口儿吵架，公主仗着自己是皇帝的女儿，说话咄（duō）咄逼人，郭暧还嘴说：不要以为你父亲是皇帝就了不起，我父亲连皇帝都不愿意做呢。因为郭子仪曾为平定安史之乱立下汗马功劳，所以郭暧才这么说。公主听后，便马上进宫向父亲哭诉告状。郭子仪得知此事后，知道儿子闯了大祸，赶紧进宫请罪。唐代宗却大度地说：不聋不哑，当不得公公婆婆，小两口儿吵架说的话，用不着当真。

▲ 唐代宗劝解郭暧夫妻图,选自清代的天津杨柳青年画

唐代宗在此事上采取的就是“不听自然无”的态度。

二是不要通过不正当的手段去获得财富。与其采用不正当的手段获得财富,不如甘守清贫,即“宁可正而不足”。这种观点,与第4段中“钱财如粪土,仁义值千金”所表达的意思相似,可参看该段的“导读”。

三是要重视生活中的某些传闻并加以求证,不可当耳旁风,以免错失机会。生活中经常会出现各种传闻,如房价要上涨了,高考要改革了,某高官出事了,退休年龄要延迟了,等等。对于这些传闻,人们常常会采取不同的态度,有的人会信以为真,有的人会半信半疑,有的人会置若罔(wǎng)闻。那么,什么样的态度才是正确的呢?作者的观点是“宁可信其有,不可信其无”,即宁可相信有那么回事,不要相信它没有。不过,对于这句话,也不能作绝对化的理解。因为我们不能对所有传闻都采取“宁可信其有”的态度,那会把人累死,而且也没有必要。但对于那些与自己的生活和工作密切相关的传闻,则不妨采取“宁可信其有”的态度,并及时加以求证,以避免事到临头,毫无准备。

23 竹篱(lí)[①]茅舍[②]风光好,道院[③]僧房总不如。命[④]里有时终须有,命里无时莫[⑤]强求。道院迎仙客[⑥],书堂[⑦]隐[⑧]相儒[⑨]。庭[⑩]栽栖凤竹[⑪],池养化龙鱼[⑫]。

【注释】

①篱:篱笆(bā),环绕在房屋、场地等周围起遮拦作用的东西。 ②茅舍:茅屋,屋顶用茅草、稻草等盖的房子,大多简陋矮小。 ③道院:道观,道教的庙。 ④命:命运,迷信的人指人一生注定的生死、贫富和一切遭遇。 ⑤莫:不要。 ⑥仙客:对隐者或道士的敬称。 ⑦书堂:书房。 ⑧隐:隐居。 ⑨相儒:指将来能当宰相的儒生。 ⑩庭:正房前的院子。 ⑪栖凤竹:供凤凰栖息的竹子。 ⑫化龙鱼:能变化成龙的鱼。

【译文】

用竹子制成的篱笆,用茅草盖成的房子,组成了优美的风景,连道教的庙宇和僧人居住的寺院都比不上它。命中该有的东西终究会有,命中没有的东西不要去强求。道教的庙宇迎接追求成仙的客人,书房里隐居着将来能当宰相的儒生。房前的院子里种着供凤凰栖息的竹子,池塘里养着能变化成龙的鱼。

【导读+图说】

本段主要包含以下两层意思:

一是崇尚简陋朴实的生活。竹篱茅舍构成的居住环境虽然显得粗陋、寒酸,但它与屋宇众多、殿庭宽阔的道院僧舍相比,却多了一份质朴、自然和亲切,更适合人们居住和生活。

二是迷信命运对人生的主宰作用,认为人一生的贫富成败都是由命运决定的。本书作者无疑是一个命定论者,因为在第3段中有“运去金成铁，时来铁似金”的说法，在第11段中又有“大家都是命，半点不由人”的说法，在后面的内容中还有不少类似的观点。这种观念无疑是错误的，具体原因可参看第3段和第11段中的“导读”。

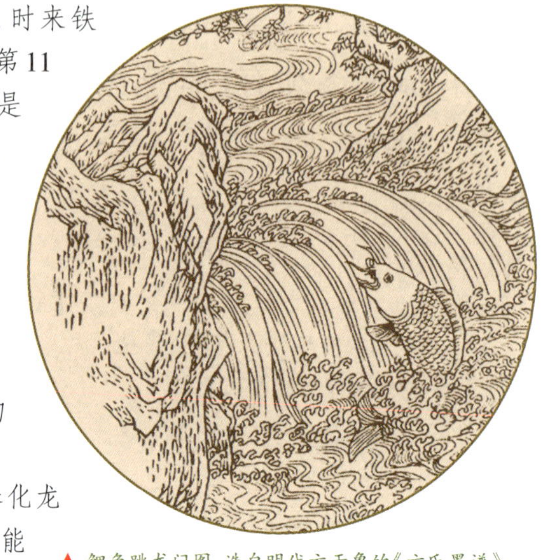
▲鲤鱼跳龙门图，选自明代方于鲁的《方氏墨谱》

最后一句“池养化龙鱼”，指池塘里养着能变化成龙的鱼。鱼能变化成龙的说法出自《辛氏三秦记》。书中称，河津也叫龙门，是大禹治水时把山凿开而成，阔达一里多，黄河从此流过。每当暮春的时候，有黄色的鲤鱼逆流而上，能跳过龙门的鲤鱼就变化成了龙。后以“鲤鱼跳龙门”或“鱼化龙”比喻科举及第或地位高升。

24 结交须胜己，似我不如无。但①看三五日，相见不如初。人情②似水分高下，世事如云任③卷舒④。会说说都市，不会说屋里。

【注释】

①但：仅；只。

②人情：人的感

【译文】

要与比自己强的人交朋友，跟我水平差不多的朋友还不如没有。只要观察三五天，情。 ③任：任凭；听凭。 ④卷舒：卷起与展开。

便会发现对方不如初次相见的时候。人的感情就像水一样有高有下，世上的事情就像云一样随意卷起或展开。会说话的人就说都市里的事情，不会说话的人就说家里的事情。

【导读】

本段主要包含以下三层意思：

一是人要与比自己强的人交朋友，即“结交须胜己”。这种观点出自《论语·学而》：“无友不如己者。”通常解释为：不要与比不上自己的人交朋友。其实，这种理解是有问题的。从表面上看，与比自己强的人交朋友，可以更好地提升自己，合情合理，但这并非孔子的原意。因为若照此类推，孔子是当时最博学的学者，他岂不是连一个朋友都没有了？因此，关键在于如何理解“不如己”的意思。其实，“不如己”指的是与自己的追求不一样，这里的“如”，不是指“比得上”，而是“像”的意思。如“一日不见，如隔三秋”的“如”，就是“像”的意思。这样，“无友不如己者”就是指不与跟自己追求或志向不同的人交朋友，于理很顺。

二是交朋友需要经过一段时间的考察，不要一见面就与人结交。因为人在初次与别人相见时，都会比较注意自己的言行，尽量把自己好的一面展示出来，而把缺陷隐藏起来。而等到交往三五天，彼此都很熟悉的时候，就会放松下来，身上固有的一些毛病、缺陷便会暴露出来。此时你再决定该人是否值得结交，才会比较稳妥。否则，根据初次见面的印象就作出判断，往往会出现失误。“但看三五日，相见不如初”，指的就是相处三五天后，你会发现对方有不少缺点，从而对他的印象也不会像刚见面时那么好。

三是一个会说话的人，他说的通常是都市里的事情，是外面世界的精彩，是国家大事；而一个不会说话的人，他说的都是家庭里的琐（suǒ）事。这里所谓的会说话和不会说话，指的不是口才，不是口头表达能力，而是所说内容的价值，反映的是一个人的眼界、心胸和修养水平。

25 磨刀恨①不利，刀利伤人指。求财恨不多，财多害自己。知足②常足，终身③不辱④。知止⑤常止，终身不耻⑥。

【注释】

①恨：遗憾。②知足：满足于已经得到的。③终身：一生；一辈子。④辱：使蒙受耻辱。⑤知止：懂得适可而止。⑥耻：指令人感到羞耻的事。

【译文】

磨刀时唯恐磨得不够锋利，却不知道刀太锋利会割伤手指。追求钱财时唯恐钱财不够多，却不知道钱财多了会给自己带来伤害。满足于已经得到的，就会常常处于满足的状态，一辈子都不会蒙受耻辱。知道适可而止，并常常处于停止的状态，一辈子都不会有令人感到羞耻之事。

【导读】

本段指出，凡事都有一个适当的度，超过了这个度，就会带来不好的结果。正如刀磨得太锋利了，就容易割伤手指；钱财太多了，就会给自己带来麻烦。因此，最好的处世之道，就是适可而止，知足常乐。

“知足”“知止”的说法出自《老子》第四十四章：“知足不辱，知止不殆(dài)，可以长久。”意即知道满足就不会蒙受耻辱，知道适可而止就不会出现危险，这样才能保持长久。

关于金钱，有一句大家耳熟能详的话：金钱不是万能的，没有金钱又是万万不能的。这就说明，人们的生活离不开金钱，但金钱又不应成为人们追求的唯一或最终的目标。清朝乾隆帝时，大贪官和珅(shēn)通过种种手段，聚敛起了巨额财富，并为如何贮(zhù)藏、保住这些财富伤透脑筋，费尽心力。结果，乾隆帝一死，嘉庆帝上台，便宣布和珅二十条罪状，责令其自杀，并抄没他的家产。此正可谓“求财恨不多，财多害自己”。类似的场景在当今不少贪官身上也不断上演，值得人们认真反思。

26 有福伤财①，无福伤己。差之毫厘，失之千里②。若③登高必自④卑⑤，若涉⑥远必自迩(ěr)⑦。三思⑧而行，再思⑨可矣。

【注释】

①伤财：损失钱财。 ②差之毫厘，失之千里：开始相差得很小，结果会造成很大的错误。强调不能有一点ㄦ差错。毫厘：一毫一厘，形容极少的数量。 ③若：如果。 ④自：从。 ⑤卑：位置低。 ⑥涉：行走；跋(bá)涉。 ⑦迩：近。 ⑧三思：反复考虑。 ⑨再思：思考两次。

【译文】

有福气的人碰上灾祸时只损失钱财，没有福气的人碰上灾祸时则会伤及自身。开始时相差很小，结果会造成很大的错误。要登上高处必须从低的地方开始，要去远方必须从近的地方出发。虽然做事情要反复考虑后再采取行动，但实际上思考两次也就可以了。

【导读】

本段包含以下四层意思：

一是在碰到灾难时，不要过分看重钱财，通过损失钱财免除灾难，即人们常说的“消财免灾”，这就是一种福气；而没有福气的人在遇到灾难时，则会伤及身体，甚至危及生命。然而，也有那么一种人，在遇到灾祸时，明明可以通过花钱免灾，却爱财如命，要钱没有，要命有一条，结果命丢了，钱又有何用？这是必须引以为戒的。

二是做事情时一定要小心谨慎，不能马虎大意，因为有时候在某一点上出些小小的差错，结果会导致巨大的失误，即所谓“差之毫厘，失之千里”。“差之毫厘，失之千里”的说法出自《礼记·经解》：“君子慎始，差若毫厘，谬以千里。”意即君子对事情的开始十分慎重，因为开始时有小小的差错，结果造成的错误会有千里之远。

三是做事情必须脚踏实地，切忌好高骛（wù）远。因为任何事情都是积少成多，积小成大，由点滴而至大成。正如登高要从低处开始，涉远要从近处开始一样。

四是做事情不能盲目，必须有周密的思考和安排，这就是人们常说的三思而后行。但是，有时候考虑得太多，又会束缚人们的手脚，使人们瞻前顾后，前怕狼后怕虎，影响了行动的决心，因此说“再思可矣”，即思考两次就可以了。“再思可矣”的说法出自《论语·公冶长》：“季文子三思而后行。子闻之，曰：‘再，斯可矣。’”鲁国大夫季文子凡事要考虑多次才采取行动。孔子听到后，说：“思考两次就可以了。”当然，对于“再思可矣”，我们也不能作机械的理解，认为凡事只要思考两次就行了。对于那些极其简单的事情，我们甚至可以不加思考就采取行动。而对于一些十分复杂的问题，“再思”无疑是不够的，就必须“三思”；而且有时候不光要自己三思，还要发动大家一起思考，集思广益，最后拿出妥善的行动方案。

27 使口[①]不如自走，求人不如求己。小时是兄弟，长大各乡里[②]。妒[③]财莫[④]妒食，怨生莫怨死。

【注释】

①使口：用口；动嘴。使：用。 ②各乡里：指各自居住在不同的地方。乡里：乡民聚居的基层单位。 ③妒：因别人比自己好而忌恨。 ④莫：不要。

【译文】

用嘴说话不如亲自走一趟，请求别人帮忙不如自己去做。小的时候彼此是兄弟，长大后各自居住在不同的地方。可以忌妒别人的财物多，不要忌妒别人吃得好；可以怨恨活着的人，不要怨恨已经死去的人。

【导读】

本段包含以下三层意思：

一是强调行动和自己努力的重要性。事情是靠做出来的，不是靠嘴说出来的，这是人所共知的道理。然而，总是有那么一些人，当需要做事的时候，他喜欢用嘴在那里议论、唠叨（láodao），而不愿意踏踏实实去做。因此，孔子对这一类人十分反感，明确指出："君子欲讷（nè）于言而敏于行"（《论语·里仁》），即君子在语言上可以显得迟钝，但必须敏捷地去做事。另外，还有那么一类人，当碰上事情的时候，不是通过自己的积极行动去解决问题，而是喜欢求人帮忙，他们宁可不要自己的人格，去低声下气地求人给予方便和照顾。这样的行为，是很要不得的。因为，人生活在社会上，总会遇到各种各样的困难、矛盾和问题，在这种情况下，积极的做法，就是通过自身的努力，通过提高自身的能力，去主动应对，这样，当你解决了这些问题的时候，你的能力、水平就会得到很大的提升，距离成功也就会越来越近。相反，如果你事事求人，那么，即使别人帮你解决了问题，你的能力仍停留在原地，当下次遇到类似情况的时候，你还得去求人，那么，你的事业怎么可能取得成功呢？所以说，“使口不如自走，求人不如求己”，这应该作为我们人生的座右铭，不断地提醒自己。

二是生为兄弟，只能证明你们之间有血缘上的关系，假如长大以后，各自居住在不同的环境中，彼此间没有什么往来，则兄弟之情就会随之淡漠；不能因为存在兄弟关系而对对方提过分的要求，仿佛只要是兄弟，对方就必须无条件地帮助自己，否则就是不讲亲情，没有人情，这种理解是十分片面的。

三是在面对比自己优越的人或遭遇不公正待遇的时候，有时难免会有羡慕忌妒或怨恨之心，但在忌妒什么和怨恨什么的问题上要有明确的观念。首先是忌妒之心，作者的观点是“妒财莫妒食”。关于“妒财莫妒食”的确切含义，以往的注译者大多没有很好地把握。如有的译成可以怨恨钱财而不要厌恨食物；有的译成可以拒绝财物，但不要拒绝食物；有的译成忌妒人家有钱，但不要忌妒人家吃东西；等等，大多不知所云。其实“妒财莫妒食”就是指可以忌妒别人的财物多，但不要忌妒别人吃得好。为什么呢？对富人的财物多有忌妒之心，这是人之常情，它在某种程度上可以激发人积极奋斗；相反，对富人吃得好有忌妒之心，说明你的兴趣点只在吃上，而这无疑是一种没有出息的表现。其次，可以怨恨活着的人，但不要怨恨已经死去的人。因为怨恨活着的人，可以产生具体的效果，而怨恨死人，则是一种毫无意义的行为；加上习惯上人们主张死者为大，所以作者反对怨恨死人。当然，“莫怨死”也不是绝对的，如果我们的出发点是总结经验教训，而死者确实犯有明显的错误，为了教育后人，也是可以“怨死”的。

28 人见白头[1]嗔(chēn)[2]，我见白头喜。多少少年亡③，不到白头死。墙有缝，壁有耳④。好事不出门⑤，恶事⑥传千里。

【注释】

①白头：指白头发的老人。②嗔：怒；生气。③亡：死。④壁有耳：指隔壁有伸着耳朵偷听的人。⑤不出门：指不会传到门外。⑥恶事：坏事。

【译文】

别人看见白头发的老人会生气，我看见白头发的老人则感到高兴。有多少人在年少时就死去了，都没有机会等到头发变白。墙上会有缝隙，隔壁会有伸着耳朵偷听的人。好事很难传到门外，坏事却能传到千里之外。

【导读】

本段包含以下两层意思：

一是要尊敬老人，不要因为老人发白体衰就看不起他们。为什么呢？因为一个人的寿命也就短短几十年，其间却要经历无数的风雨和坎坷，能活到头发变白已经是很不容易了，更何况有不少人年纪轻轻就夭折了，既然如此，一个白发老人岂不是非常值得尊敬？在中国古代社会，一个普通人家，要供养老人是很不容易的，因此有的子孙会视老人为累赘（zhuì），称之为“老不死”，这就是“人见白头嗔”的主要原因。作者则要求人们换一个角度看问题，认识到老人活到头发变白是非常难得之事，从而发自内心地去尊敬老人。

二是说话时必须慎重，说出的话不要有什么后遗症。人们经常喜欢说一些悄悄话，尤其是在一个没有外人的场合，说话的人便会无所顾忌，随意评点人物，议论时事。作者则告诫我们：“墙有缝，壁有耳”，世上没有不透风的墙，墙外也许正有人在偷听你们说话，你认为安全的环境，有可能极不安全。尤其是那些涉及他人隐私的话，或许很快就会被传扬出去。因为一些人有一个弱点，就是喜欢探听他人的隐私并予以传播，而一些好事，一些有正面意义的事件，则不太容易引起人们的兴趣和注意，这就是所谓“好事不出门，恶事传千里”的原因。

29 贼是小人[1]，智过君子[2]。君子固穷[3]，小人穷斯[4]滥[5]矣。贫穷自在[6]，富贵多忧。不以我为德[7]，反以我为仇。宁向直中取[8]，不可曲中求[9]。

【注释】

①小人：人格卑鄙的人。 ②君子：人格高尚的人。 ③固穷：信守道义，安于贫贱穷困。固：安守；坚守。 ④斯：于是；就。 ⑤滥：没有操守，胡作非为。 ⑥自在：自由；没有拘束。 ⑦德：恩惠；恩德。 ⑧直中取：指通过正当的手段获得。直：公正；正直。 ⑨曲中求：指通过不正派的做法求取。曲：邪僻（pì）；不正派。

【译文】

贼是人格卑鄙的人，但是他们的智慧有时却超过君子。君子在面临困窘（jiǒng）时仍会坚守原则，小人在面临困窘时就会胡作非为了。贫穷的人活得自由自在，富贵的人则多忧愁。不把我看作对你有恩的人，反而把我当作仇人。宁可通过正当的手段获得，不可采取不正派的做法去求取。

【导读＋图说】

本段主要包含以下四层意思：

一是说明君子和小人的区别。君子是人格高尚的人，小人则是人格卑鄙的人，因此，君子与小人的区别在于人格的高下，道德修养的高低，而不是聪明程度的高低，所以说“贼是小人，智过君子”，即小人不一定比君子笨，有时候甚至比君子还要聪明。那么，如何体现君子和小人道德修养的高低呢？作者举例说：“君子固穷，小人穷斯滥矣。”君子在面临困窘的时候仍会坚守原则，小人则会胡作非为。

▲ 在陈绝粮图，描绘了孔子与弟子们在陈国因绝粮而挨饿的情形。选自明代仇英的《圣迹图》

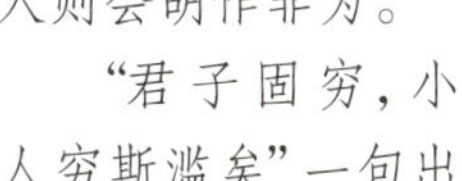

“君子固穷，小人穷斯滥矣”一句出自《论语·卫灵公》：“在陈绝粮，从者病，莫能兴。子路愠（yùn）见曰：‘君子亦有穷乎？’子曰：‘君子固穷，小人穷斯滥矣。’”孔子带着弟子周游列国，在陈国断了粮食，跟从孔子的人都病了，躺着爬不起来。子路怀着怨恨的心情去见孔子，说：“君子也有困窘不堪而又束手无策的时候吗？”孔子回答说：“君子在面临困窘的时候，仍然会坚守原则；小人在面临困窘的时候，就会胡作非为了。”

二是说明了贫穷之人与富贵之人相比的一个优势：自由自在，不受拘束。一个人在贫穷的时候，虽然生活得艰苦些，穿得差些，吃得简单些，但也少了许多麻烦：没有人会打搅他，因为他一无所有，连贼都懒得惦记他；心无挂碍，因为他除了自己的身体，没有什么可让他患得患失的；不用顾及什么脸面，反正我是个穷人，人家怎么看我都无所谓。基于以上诸多原因，贫穷的人可以活得无拘无束，逍遥自在。相反，富贵之人则常常受种种烦恼的牵缠：已有的财富地位要确保不失去，还要考虑如何让它们进一步增加；种种复杂的社会关系要费心去维护，否则就会影响到自己既有的一切；要考虑自己的名誉和影响，千万不要有各种负面的评价；等等。生活在这种状态中的人，怎么可能活得悠闲自在呢？据《史记·魏世家》载，战国时，魏国灭掉了中山国，魏文侯派儿子子击前去镇守。有一次，子击在路上遇见了魏文侯的老师田子方，子击赶紧引车让开道路，恭敬地拜见他。田子方却不还礼。子击感到不满，问田子方说："是富贵之人可以蔑（miè）视别人呢，还是贫贱之人可以蔑视别人？"田子方说："当然是贫贱之人了。比如，一个诸侯要是蔑视别人，那他就会亡国；一个大夫要是蔑视别人，那他就会亡家。而贫贱之人就不同了，行为不相投合，意见不被采纳，就可以马上离开你到楚国去、到越国去，丢弃你就如同丢弃一双破鞋子。这两者怎么能相提并论呢？"说得子击怅（chàng）然若失。

当然，说贫穷的人比富贵的人活得更自在，这只是问题的一个方面，贫穷之人也有贫穷之人的烦恼，要不人们为什么要对富贵趋之若鹜（wù）呢？

三是揭示了社会上的一种丑恶现象，即当我对某人有恩的时候，他不但不把我当恩人，反而把我当仇人，即所谓"恩将仇报"。在日常生活中，我们常常可见类似的情形。究其原因，是这些受到恩惠的人心胸狭窄，怕报恩会给自己造成损失，所以倒行逆施，把恩人当仇人。

四是在追求名利的时候，要采取正当的途径，不要走歪门邪道，即"宁向直中取，不可曲中求"。类似的思想在前面的段落中也经常出现，如"钱财如粪土，仁义值千金"（第4段）、"财上分明大丈夫"（第17段）、"宁可正而不足，不可邪而有余"（第22段），等等。

30 人无远虑[①]，必有近忧[②]。知我者谓我心忧，不知我者谓我何求[③]。晴干[④]不肯去，直待雨淋头。成事[⑤]莫[⑥]说，覆水难收[⑦]。

【注释】

①远虑：长远的考虑。
②近忧：近在眼前的忧愁。
③何求：寻求什么。
④干：指天气干爽。
⑤成事：已成定局之事。
⑥莫：不要。
⑦覆水难收：泼出去的水难以再收回来，比喻事情已成定局，难以挽回。

【译文】

一个人如果没有长远的考虑，必然会有近在眼前的忧愁。了解我的人说我内心充满忧愁，不了解我的人说我在寻求什么呢。晴朗干爽的时候不愿前往，一直等到大雨淋头的时候才去。已成定局的事就不要再去说它，泼出去的水难以再收回来。

【导读＋图说】

本段包含以下四层意思：

一是做事情要有计划性，不可盲目从事。大到一个国家的发展，小到个人的前途，都必须有长远的考虑，否则就会没有方向和目标，不是浪费时间，错失良机，就是徒劳无功，白费心血，令人追悔莫及。这就是“人无远虑，必有近忧”的含义。

“人无远虑，必有近忧”一语是孔子说的，出自《论语·卫灵公》，所说道理当然十分精辟，具有重要的指导意义。不过，我们对它也不能作绝对化的理解，以为时时刻刻、对任何事情都需要深谋远虑，否则就会造成忧患。事实上，在现实生活中，有的事情往往是人有远虑，才有近忧：因为远虑会让人患得患失，去为某些根本没有必要考虑的问题大伤脑筋。而人无远虑，未必就有近忧：人需要快快乐乐地过好每一天，何必去过多地考虑不可预测的将来呢？

▲ 屈原江边行吟图，清代吴历绘

二是人最痛苦的事情之一就是不能被人理解："知我者谓我心忧，不知我者谓我何求。"知道我的人说我心中忧愁太多，不知道我的人则以为我有什么企求。此语出自《诗经·王风·黍（shǔ）离》："知我者谓我心忧，不知我者谓我何求。悠悠苍天，此何人哉？"诗中描绘了一个因故流浪的人的满腔苦闷：心中有苦说不出，却又常常被人误解。战国时期，楚国诗人屈原忠于楚怀王，却不被理解，而且楚怀王还听信他人的谗（chán）言，把屈原流放。屈原心中苦闷彷徨（pánghuáng），于是作《离骚》以排解，其情形与此类似。

三是做事情要雷厉风行，说干就干，不要磨磨蹭（cèng）蹭，以致错过做事情的最佳时机："晴干不肯去，直待雨淋头。"有些人做事往往缺乏主动性，喜欢在那里耗，直到不做不行了，然后才硬着头皮去做。这种行事方式有很多弊病，首先是你虽然耗着不做，但事情却一直压在你的心头，让你不得轻松；其次是当你发现再不做就不行了的时候，往往是外部条件已经发生了很大的变化，此时你再去做，通常需要付出更多的精力，原来花一分功夫可以办好的事情，现在或许要付出三分、甚至更多的工夫。

四是要学会认清形势，"成事莫说"，对已成定局的事情就不要再去说什么，因为那没有什么用处，不但白费口舌，反而有可能惹来麻烦。"覆水难收"一词见于宋代王楙(mào)的《野客丛书》，书中称，商朝末年，姜太公娶马氏为妻，因姜太公当时事业无成，生活贫困，马氏不愿忍受，便离他而去。后来，姜太公辅佐周武王建立了周朝，被封为齐侯，马氏听说后，就又来找姜太公，希望与他重归于好，"太公取一壶水倾于地，令妻收之，乃语之曰：'若言离更合，覆水定难收。'"后以"覆水难收"比喻夫妻离异，难以再合。也比喻事情已成定局，难以挽回。

31 是非①只为②多开口③，烦恼皆因强出头④。忍得一时⑤之气，免得百日之忧。近来学得乌龟法，得缩头时且缩头。惧法朝(zhāo)朝⑥乐，欺公⑦日日忧。

【注释】

①是非：因说话而引起的误会或纠纷。 ②为：因为；由于。 ③开口：指说话。 ④强出头：遇到可以不管的事而硬要去管。 ⑤一时：暂时；一会儿。 ⑥朝朝：天天。 ⑦欺公：指侵害公共利益。

【译文】

招来是非只因为话说得太多，心中烦恼都是因为多管闲事。忍住一时的气愤，可以免除长达百天的忧愁。最近学会乌龟的生存之法，该缩头的时候就缩头。畏惧法律制裁的人天天都很快乐，侵害公共利益的人每天都生活在忧愁之中。

【导读】

本段主要包含以下两层意思：

一是凡事以忍为上，忍耐可以免除诸多烦恼。忍耐的内容包括：尽量少说话，不要为逞口舌之快而轻发议论，因为“是非只为多开口”；不要多管闲事，没有金刚钻，不揽瓷器活，可以不管的事情，或者你没有能力管的事情，若硬去管，结果只能是给自己带来无穷的麻烦：“烦恼皆因强出头”；碰上令人气愤的事情，不要立刻发作，忍一忍，消消气，可以免除诸多后患；识时务者为俊杰，当你发现无法与对手抗衡时，不妨学做缩头乌龟，虽然显得窝囊(nang)，但毕竟可以避免灾祸。

以上观点，基本属于一种明哲保身的处世之道，若能切实遵行，确实可以保你无灾无祸，平安一生。但是对于整个社会来说，如果人人都如此，则无疑是极其可悲的。因为社会上有许多事情，需要我们“多管闲事”，需要我们见义勇为，奋不顾身。如果遇到坏人坏事，人人都当缩头乌龟，那么再圆滑的处世之道都会无济于事。所以，正确的做法，还是要看具体情况，该忍的事情就忍，不该忍的事情，则无论如何都不能忍。

二是要奉公守法，因为只有奉公守法，心中无私，才能内心平静，了无挂碍，享受到真正的快乐。相反，如果你“欺公”，做出了贪污受贿等违法之事，你就会时时处于恐惧之中：害怕东窗事发，害怕他人检举揭发，害怕法律的制裁。这样的生活又有什么意义呢！

32 人生①一世②，草生一春③。白发不随老人去，看来又是白头翁④。月过十五⑤光明少，人到中年万事休⑥。儿孙自有儿孙福，莫为儿孙作马牛。

【注释】

①生：活。 ②一世：一辈子。 ③

【译文】

人活一辈子，草活一个春季。白头发不会随着老人的去世而消失，黑头发一春:一个春季。 ④白头翁:白发老人。 ⑤十五:指农历每月的十五。 ⑥休:停止;罢休。

的人很快也变成了白发老人。月亮过了农历每月十五光明就会减少,人到了中年在事业上就很难有大的进展。儿孙自然有他们自己的福气,不要为儿孙当牛做马。

【导读】

本段主要包含以下两层意思:

一是时光飞逝,人生短暂,一定要在中年之前取得事业上的成功。“白发不随老人去,看来又是白头翁”,说明世上之人谁都无法避免成为老人的严酷事实。既然自然规律无法改变,那么人能够做的,就是抓紧时间,在有限的人生中,让自己取得事业上的成功,使生命的价值最大化。“人到中年万事休”一句,就是提醒人们:如果人到中年,在事业上仍无成就,那么这辈子也就交代了,不可能再有什么成功可言。此话当然说得有些绝对,因为历史上大器晚成的人不胜枚举,中年正是人奋发有为的时候。但是换一个角度去看,中年是人生的转折点,无论体力、精力还是心气,到了中年都会有明显的下降,因此,如果在中年时仍一无所成,确实很难再有大的作为。而那些大器晚成的人,在中年时虽无成就可言,但他们通常胸藏锦绣,勤勉不辍(chuò),只是机会出现得比较晚而已。

二是不要为了儿孙的幸福而过多地牺牲自己。中国人重家庭观念,讲究父慈子孝,因此,父母常常把为子女无偿奉献看作理所应当之事。殊不知,现实却常常不以人们的意志为转移:父母过多地关心或者干涉儿女的生活,会让儿女觉得缺乏自由,倍感压抑;受到父母过多溺(nì)爱的儿女,通常不会有什么大的出息;父母希望自己对儿女的关心能换来儿女的孝顺,却反而有可能造成儿女的叛逆;……种种事实告诉我们,儿女有儿女的生活,他们有自己的价值观和生存方式，作为父母，无法替他们包打天下。因此，“儿孙自有儿孙福，莫为儿孙作马牛”，即使对今天的父母来说，此话仍有很好的劝诫作用。

33 人生不满百，常怀千岁忧。今朝(zhāo)有酒今朝醉，明日愁来明日忧①。路逢险处难回避，事到头来②不自由。药能医假病，酒不解③真愁。

【注释】

①忧：忧虑；担心。

②到头来：最后；结果。

③解：消除；去掉。

【译文】

人的一辈子不到一百年，却常常怀着一千年的忧患。今天有酒喝就喝个一醉方休，明天的忧愁就到明天再去应付吧。路上碰到危险的地方难以回避，事情到最后总是身不由己。药能够把假病治好，酒却不能把真正的忧愁消除。

【导读＋图说】

本段主要说明人生充满忧愁，充满无奈，却又无法解脱；喝酒虽然能让你忘掉烦恼，但是这只是暂时的麻醉，因为“酒不解真愁”。

“今朝有酒今朝醉”，这通常被视作一种消极颓(tuí)废的人生观，不过，作者用在此处，却是针对“人生不满百，常怀千岁忧”的状况而说的。根据无神论的观点，宇宙中既没有神仙佛祖，也没有天堂地狱，人死了就一了百了，灵魂也随之消失，因此，每个人能把握的也就是短短不到百年的时间。然而，奇怪的是，人生不到百年，却有不少人常常会去想千年以后的事情，这无疑是想得太多了；尤其是让千年以后的事情来影响现在的心境，增添许多的烦恼，更是十分荒唐的。所以作者要求人们不要去想不现实的事情，今朝有酒今朝醉，明天的烦恼放到明天再去应对。李白在《春夜宴桃李园序》中说："夫天地者，万物之逆旅，光阴者，百代之过客。而浮生若梦，为欢几何？古人秉烛夜游，良有以也。"意即天地是万物的旅馆，光阴是历代的过客。而漂浮不定的人生像梦幻一样，欢乐的日子能有多少？古人点亮灯烛在夜里游玩，的确是有道理的。表达的也是人生短暂，应及时享受生活的意思。

不过，话又说回来，个体的生命虽然短暂，人类整体的生命则是不断延续的，因此，作为人类中的一分子，个体也不能光考虑自己，也要为人类的整体发展尽到责任。所以，从这个角度说，我们还是要"常怀千岁忧"，为子孙万代的长远利益考虑。

"人生不满百，常怀千岁忧"一句，出自汉代的《古诗十九首》之一："生年不满百，常怀千岁忧。昼短苦夜长，何不秉烛游？"李白关于"古人秉烛夜游"的说法，也与此诗中的内容相近。

▲ 李白春夜宴桃李园图，明代仇英绘

34 人贫不语，水平①不流。一家养女百家求②，一马不行百马忧。有花方③酌(zhuó)酒④，无月不登楼。三杯通⑤大道⑥，一醉解⑦千愁⑧。

【注释】

①水平：指水处于同一平面。 ②求：追求。

③方：才。 ④酌酒：饮酒。酌：斟(zhēn)；饮。

⑤通：懂得；通晓。

⑥大道：高深的道理。

⑦解：消除；去掉。

⑧千愁：众多的忧愁。

【译文】

人贫穷时不爱说话，处于同一平面的水不会流动。一个家庭中有女儿，就会有一百个家庭来追求；一匹马无法行走，一百匹马都会感到担忧。有鲜花可以观赏时才饮酒，天上没有月亮就不去登楼欣赏。三杯酒喝下去，就能通晓高深的道理；喝醉了酒，才能消除众多的忧愁。

【导读+图说】

本段主要包含以下两层意思：

一是人们做事总是出于某种动机或基于某种前提条件，正如处于同一平面的水不会流动一样，人在贫穷的时候也不会愿意讲话，因为人微言轻，讲的话也不会有人听，所以不如干脆不讲。

同样，一个人之所以受到别人的重视，那是因为你拥有别人希望得到的东西。好比你家养了一个漂亮的女儿，前来求婚的人就会络绎(yì)不绝，因为世上漂亮的女子不多，所以才会形成"百家求"的局面。

因此，人们不会无缘无故去做某件事情，正如你喜欢喝酒，是因为有鲜花可供观赏；你之所以要在夜晚登楼，是因为有明月可供欣赏。如果没有鲜花和明月，你就不会有喝酒的兴致，也不会去登楼。所以，人们不应被表面的现象所迷惑，而是要透过现象看本质，去分析每件事情的实质和背后的原因。楚汉相争时，刘邦被项羽打得狼狈不堪，而在此时，军事上进展顺利的韩信却派使者来见刘邦，要求封他为假齐王。刘邦一听勃然大怒，因为这无疑意味着对自己权威的挑战。这时，一旁的张良却冷静地告诉刘邦，韩信之所以在此时提出封王的要求，就是看中了你目前无力制约他，你不如顺水推舟，封他为真齐王，以笼（lǒng）络韩信之心。刘邦听从了劝告，韩信此后果然一心一意追随刘邦打天下。因此，正是张良认清了问题的实质，才防止了意外的发生。

▲ 韩信像

二是介绍了喝酒的作用："三杯通大道，一醉解千愁。"话当然说得有些夸张，但酒醉时那种陶陶然、飘飘然的感觉确实值得让人回味。在醉酒的状态下，一切礼法的束缚仿佛已不再存在，许多让你头疼烦恼的事情也变得不再重要。此时，你似乎已经悟彻了天地间的大道，发现一切都不过如此，所有让人忧愁、烦恼之事都可以弃之不顾。因此，喝酒确实可以起到"一醉解千愁"的效果。但问题是醉酒的状态只是暂时的，你毕竟还会清醒过来，而当你一旦清醒，以前的烦恼就又会重新袭来，你所"通"的"大道"也产生不了任何作用。所以还是第33段中说得好："酒不解真愁。"

35 深山毕竟藏猛虎，大海终须纳①细流。惜花须检点②，爱月不梳头。大抵③选他肌骨④好，不傅⑤红粉⑥也风流⑦。

【注释】

①纳：接受。 ②检点：注意约束自己。 ③大抵：大概。 ④肌骨：肌肉与骨骼（gé）。 ⑤傅：涂抹；搽（chá）。 ⑥红粉：妇女化妆用的胭（yān）脂和铅粉。 ⑦风流：指风韵美好动人。

【译文】

深山中总会藏有猛虎，大海终究要容纳细小的水流。爱惜鲜花需要约束自己的行为，喜欢月亮可以不必梳头。大概是因为她肌肉和骨骼长得好，即使不搽脂粉也美好动人。

【导读】

本段包含以下三层意思：

一是人要有宽阔的胸怀，因为只有有了宽阔的胸怀，才能不断充实自己，使自己走向成功。正如只有在深山中才会有老虎，只有接受涓涓细流，才能形成茫无边际的大海，人只有虚怀若谷，才能集众人之所长，成不世之伟业。战国末年，秦王嬴（yíng）政为了防止外国间谍危害秦国，决定驱逐所有东方各国到秦国来工作的人员。李斯听说后，向秦王上《谏（jiàn）逐客书》，其中列举了外国人为秦国作出的贡献后，说："是以泰山不让土壤，故能成其大；河海不择细流，故能就其深；王者不却众庶（shù），故能明其德。"意即正因为泰山不拒绝任何细小的尘土，所以才形成了今天的高大；正因为黄河大海不拒绝任何细小的水流，所以才形成了今天的深广；正因为国王不排斥任何民众，才能显示他宽厚的品德。秦王看后被深深打动，便取消了驱逐外国人的命令。

二是当你喜欢近在身边的事物时，你需要注意自己的行为；当你喜欢遥远的事物的时候，你就不需要注意自己的行为。比如你喜欢鲜花，你就不要随便攀折它，而要好好地爱护它；比如你喜欢月亮，就不需要梳妆打扮后再去赏月，即所谓“爱月不梳头”。不过，对“爱月不梳头”一句，注译者们有不同的解释，有的译作喜欢月亮就不能把它作为镜子去梳头；有的译作喜欢月亮，不梳头月亮也不会怪罪；等等，都不是十分恰当。

三是对于天生丽质的女子，不用涂脂抹粉也照样漂亮迷人，即所谓“不傅红粉也风流”，说得很有道理。但是女子爱美的天性和追求完美的心理，总是让她们喜欢往自己脸上涂涂抹抹，而不愿意以素颜见人。

36 受恩深①处宜②先退，得意③浓④时便可休⑤。莫⑥待是非⑦来入耳，从前恩爱反为仇。留得五湖⑧明月在，不愁无处下金钩⑨。休⑩别有鱼处，莫恋浅滩头。去时终须去，再三留不住。

【注释】

①深：感情厚。 ②宜：应该。 ③得意：得志，实现其志愿。 ④浓：指程度深。 ⑤休：停止；罢休。 ⑥莫：不要。 ⑦是非：因说话而引起的误会或纠纷。 ⑧五湖：太湖及附近的四个湖。春秋末范蠡(lǐ)隐于五湖，后用来指

【译文】

受到的恩情深厚时应及早退让，志得意满时就要及时罢休。不要等到口舌是非传到耳朵里，把以前的恩爱变成了仇恨。只要五湖上的明月还在，就不愁没有地方下钩钓鱼。不要离开有鱼的地方，不要留恋水浅的滩头。

隐居之地。 ⑨金钩：金属钓钩。 ⑩休：不要；别。

该离开的时候终究会离开，无论怎样挽留都没有用。

【导读+图说】

本段包含以下三层意思：

一是凡事要见好就收，因为事物的发展有一个规律，就是物极必反：当事物发展到顶点时，就会向相反的方向转化。比如在古代社会，君主对某人极其宠爱，这当然是好事，但必须知道伴君如伴虎，这种宠爱不是一成不变的，万一哪天君主翻脸不认人，你就会死无葬身之地。在中国历史上，这样的例子不胜枚举。如春秋时期，卫灵公宠爱弥子瑕（xiá），觉得弥子瑕做什么都值得赞赏。但等到弥子瑕年老色衰，卫灵公便开始算后账，认为弥子瑕以前所做的许多事情，都是对自己的大不敬，弥子瑕便因此获罪。还有如春秋末期，伍子胥（xū）对吴国的强盛功劳巨大，最后却被赐死；文种辅佐越王勾践消灭吴国，最后也被赐死。

因此，一些聪明绝顶的人物，总是会冷静地判断自己的处境，作出有利于自己的选择。如范蠡在辅佐越王勾践雪耻后，便辞官不做，泛舟五湖；张良在刘邦建立汉朝后，便深居简出，以修身养性为事。

▲ 范蠡携西施泛舟五湖图，清代马骀（tái）绘

所以，他们都得以善终。作者在这里说“受恩深处宜先退，得意浓时便可休”，确实是对历史经验的总结，值得那些眼下正春风得意的人好好参考。

那么，从热闹场中退下来，又该往哪里退，退下来又去干什么呢？作者说：“留得五湖明月在，不愁无处下金钩。”只要五湖上的明月还在，就不愁无处下钩钓鱼。此句是实写，也是虚写。说它是实写，是因为它明确告诉那些退下来的人，你可以到湖边寻觅一处适合垂钓的地方，悠闲自在地度过一生。说它是虚写，则“五湖明月”是指适合隐居的场所，“下金钩”则指你退下来后适合自己从事的事情。如范蠡辞官不做后，以经商为业，积累了巨额的财富，这亦可视为其“下金钩”取得的成果。

二是人要选择有发展前途的地方开展自己的事业，不要在没有前途的地方浪费光阴，这就是“休别有鱼处，莫恋浅滩头”的含义，此话对于当今的年轻人选择职业特别有启发意义。因为人生短暂，适合事业发展的时间更是短暂，如果你选择的是一个有前途的事业，即所谓的“有鱼处”，你就不要轻易离开，因为既然是“有鱼处”，就有可能捕到鱼，你事业成功的机率就会很大。相反，如果是一个没有什么前途的工作，即所谓的“浅滩头”，则不管你如何努力，都是不可能捕到鱼的，对于这样的工作，你就不要留恋，而要尽早离开。

三是与你无缘的人或事物，最后肯定会离你而去，不管你如何努力，都是无法留住的。现在有的年轻人谈恋爱，当发现对方已经不爱自己的时候，仍然不肯死心，死缠烂打，希望对方能回心转意，这样做其实都是徒劳的，不仅浪费了大量的精力财力，还会造成彼此间更大的伤害。因此，对于那些失恋的人来说，就应该明白：“去时终须去，再三留不住”，不要再存幻想，不要再浪费时间，不要再自我伤害，而要把精力投入到更有价值的事情中去。

37 忍一句，息[①]一怒，饶[②]一着(zhāo)[③]，退一步。三十不豪[④]，四十不富，五十相将[⑤]寻死路[⑥]。生不认魂[⑦]，死不认尸。父母恩深[⑧]终有别[⑨]，夫妻义[⑩]重也分离。人生[⑪]似鸟同林宿，大限[⑫]来时各自飞。

【注释】

①息：止；停息。 ②饶：宽容；宽恕。 ③一着：本指下棋落一子，也比喻行事的一个步骤。 ④豪：豪放；豪迈。 ⑤相将：行将；将要。有的本子作“将相”，有的本子作“将近”“临近”等。 ⑥寻死路：找寻死亡的路径，指面临死亡。 ⑦魂：迷信的人指可以离开人体独立存在的精神。 ⑧深：感情厚。 ⑨别：分离；分开。 ⑩义：情谊，人与人相互关爱、帮助的感情。 ⑪人生：人的生存和生活。 ⑫大限：寿数；死期。一说这里指大的灾难。

【译文】

忍住少说一句，平息一次怒气，宽恕别人一次，往后退一步。30岁时缺乏豪情壮志，40岁时没有富裕起来，50岁时就要面临死亡了。人活着时不认识自己的灵魂，死了以后不认识自己的尸体。父母对自己的恩情再深厚，终究有离别的一天；夫妻之间的情谊再重，最终也会分离。人生就像鸟儿栖息在同一座树林里，等到死期来临时就各自飞走了。

【导读】

本段主要包含以下三层意思：

一是凡事以忍让宽容为上，尽量少说过头的话，努力平息自己的怒气，多学会宽恕别人，与人争执时要学会退让。这些都是实用的生活智慧，以这样的方式处世待人，不仅自己心情舒畅，他人也会如沐春风，愿意与你交往。

二是人生在不同的阶段有不同的特点，也有不同的奋斗目标，人一旦过了大有作为的年龄，就很难再有作为了。关于人在不同阶段的特点和目标，作者指出，30岁时要有干事业的豪情壮志，40岁时要让自己富裕，否则到了50岁就只好等死了。作者对年龄段的这种划分是否科学，是值得商榷(què)的，尤其是对现代人来说，这种划分并不十分适用，因为古人的平均年龄比现代人要短，所以过了50岁就几乎不可能再有作为了；而现代人则把50岁归入中年，正是大有作为的年龄。不过，作者把人生分成三个阶段的观点还是很有启发意义的：在年轻的时候要充满干一番事业的豪情壮志，在中年时要让自己的事业取得明显的成功，这样到老年时才可以安享晚年。否则，年轻时萎靡(wěimǐ)不振、碌(lù)碌无为，中年时一事无成，那么等到老年时，你就只好在贫困中等待死亡的降临。

三是指出了死亡的可怕，它可以摧毁一切：无论父母恩情、夫妻感情、人与人之间的友情，等到死神降临时，它们统统都不堪一击，都会霎(shà)时灰飞烟灭。因此作者发出慨叹："人生似鸟同林宿，大限来时各自飞"，即人生就像鸟儿栖息在同一座林子里，等到死期来临时就各自飞走了。所谓飞走了也就是消失了，为什么这么说呢？因为人"生不认魂，死不认尸"，即人活着时不认识自己的灵魂，死了以后不认识自己的身体，也就是人死以后就什么都不存在了。"生不认魂，死不认尸"是针对灵魂不灭的迷信观点而言的，根据灵魂不灭的观点，灵魂处在前生、今生、来生的不断循环之中，永不消失。但是，作者认为，今生的人，并不知道前世的情况；人死以后，尸体无知无觉，实际上也不可能知道来生的情况。既然如此，所谓灵魂不灭不就是一句空话么！

38 人善被人欺，马善被人骑。人无横财[①]不富，马无夜草[②]不肥。人恶人怕天不怕，人善人欺天不欺。善恶到头终有报[③]，只争[④]来早与来迟。黄河尚[⑤]有澄清[⑥]日，岂可[⑦]人无得运[⑧]时。

【注释】

①横财：意外的、非分的钱财。　②夜草：指夜间吃草。　③报：报应，佛教指种善因得善果、种恶因得恶果。　④争：相差。　⑤尚：还。　⑥澄清：清澈(chè)；清亮。　⑦岂可：表示反诘(jié)，相当于“怎么可以”。　⑧得运：走运；运气好。

【译文】

人善良会被别人欺负，马善良会被人骑。人没有横财不会变富，马不在夜间吃草不会变肥。邪恶的人有人怕他但是天不会怕他，善良的人有人欺负他但是天不会欺负他。行善还是作恶最终都会有报应，不同的只是时间上来得早些与晚些。连黄河都有变清澈的日子，人怎么可以没有走运的时候。

【导读】

本段主要包含以下两层意思：

一是说明了对待善恶的态度。

首先，善良的人容易被别人欺负，正如人们喜欢骑驯顺的马一样。善良的人通常性情温和，不愿与人斤斤计较，因此，在那些自私自利的人看来，正是最好的欺负对象。

其次，善良的人不要因为易被别人欺负而感到委屈难受，因为欺负善良之人的都是品质不好的人，而作为正义代表的天则不会欺负善良的人，即所谓“人善人欺天不欺”。

再次，邪恶的人虽然能得志于一时，但最终会受到上天的惩罚。邪恶的人因为横行无忌，阴险刻薄，以坑人整人为乐事，因此，人们很容易对他们心生畏惧。但是，作者告诉我们，“人恶人怕天不怕”，天是不会怕恶人的；天不但不怕恶人，而且，在时机成熟时，还会对恶人实施严厉的惩罚。这里的“天”，古人或称之为老天爷，是神通广大的主宰者，但也可理解为社会或历史的必然规律。有一个成语叫作“东窗事发”，说的就是恶人受到恶报的故事。据元代刘一清的《钱塘遗事·一二·东窗事发》载，南宋时，秦桧(huì)想杀害岳飞，在东窗下与人密谋此事。他的妻子王夫人说：“把虎擒住容易，把虎放掉很难。”秦桧于是决意杀岳飞。秦桧死后，不久，他的儿子秦熺(xī)也死了。一次，王夫人请方士设醮(jiào)祭祀(jìsì)，看见秦熺戴着铁枷(jiā)。王夫人问他秦桧在哪里，秦熺说在酆(fēng)都。方士于是前去酆都，发现秦桧身戴铁枷，受尽折磨。秦桧对方士说：“麻烦你传话给夫人，就说东窗下密谋杀岳飞的事情已经败露。”后以“东窗事发”指罪行、阴谋败露。

二是人都会有倒霉的时候，但不可能一辈子都倒霉，只要坚定信心，努力不辍(chuò)，总会有时来运转的一天，即所谓“黄河尚有澄清日，岂可人无得运时”。黄河水中因为挟(xié)带着大量的泥沙，终年混浊不清，但是，黄河水偶尔也会有变得清澈的时候。因为黄河水变清极为罕见，所以古人把黄河水清看作吉祥的征兆。因此，作者指出，连黄河水都会有变清的一天，人在一辈子中怎么可能一直不走运呢？当然，一个人是否走运，是由两个因素决定的：一个是自身的努力，一个是机遇。这两者结合在一起，便是运气好。以往人们常常把运气好视为机遇好，这是存在偏颇的。光是机遇好，没有自身的积极努力，运气也会从身边溜走。相反，只要你积极努力，就总会有碰上机遇的一天。

需要指出的是，“人无横财不富，马无夜草不肥”一句，放在本段中显得不是很恰当，因为与上下文的意思没有什么联系。而且这种观点从现在来看，也存在很大问题，因为我们提倡的是勤劳致富，而不是靠发“横财”致富。另外，横财指的是意外的、非分的钱财，这与本书上文中所说的“宁向直中取，不可曲中求”也存在明显的矛盾。

39 得宠①思辱②，居安虑危③。念念④有如⑤临敌日，心心⑥常似过桥⑦时。英雄行险道，富贵似花枝⑧。人情⑨莫⑩道春光⑪好，只怕秋来有冷时。送君⑫千里，终须一别。但将⑬冷眼⑭看螃蟹（pángxiè），看你横行到几时。

【注释】

①宠：宠爱；偏爱。 ②辱：羞耻；名誉上受到的损害。 ③居安虑危：处在安定的环境而想到可能会出现的危难。 ④念念：每一个心念。 ⑤有如：犹如；好像。 ⑥心心：指连绵不断的思绪。 ⑦桥：这里指有危险的桥，如独木桥。 ⑧花枝：开有花的枝条，比喻好看但不长久。 ⑨人情：人的感情。 ⑩莫：不要。 ⑪春光：春天的景色。 ⑫君：对人的尊称。 ⑬但将：只用。但：只。将：用。

【译文】

受到宠爱的时候要想到有可能会遭受耻辱，处在安定的环境时要想到可能会出现的危难。每一个心念都好像正面对着敌人，心中经常保持过独木桥一样的状态。英雄常常在危险的道路上行走，富贵就像枝条上的花一样好看但不长久。人的感情并不是总像春天的景色一样美好，也有像秋天到来一样冰冷的时候。把你一直送到千里之外，但终究还是要分别。只用轻蔑的眼光去看螃

⑭冷眼：冷漠或轻蔑（miè）的眼光。

蟹，看你能横着爬行到什么时候。

【导读＋图说】

本段包含以下三层意思：

一是人不能沉湎（miǎn）于当下的安乐，要知道世事处在不断的变化之中，宠和辱、安和危、好和坏都是矛盾的双方，它们变动不居，由宠变辱、由安变危、由好变坏，只是刹（chà）那间之事，所以必须时刻警惕，“念念有如临敌日，心心常似过桥时”，只有这样，才能确保平安，远离危险。中国历史上的亡国之君，如夏桀（jié）、商纣（zhòu）、秦二世、隋炀（yáng）帝等，大多是由于不明白个中玄机，以为铁打的江山，不管自己怎么折腾，都会稳如磐（pán）石；殊不料，转眼间身死国亡，为天下人所笑。而一些明智之君，如商汤王、汉文帝、唐太宗、朱元璋（zhāng）等，则知道政权取决于民心的真理，关心民间疾苦，严格自律，从而保证了国家的长治久安。

▲ 栗栗深渊图，描绘了商汤王治国小心谨慎、如临深渊的情形。选自清代的《钦定书经图说》

二是人生总是在团聚和分别中度过，但分别是必然的，“送君千里，终须一别”，送得再远，也会有分别的时候。“送君千里，终须一别”一句出自元代无名氏《庞涓夜走马陵道》的楔(xiē)子:“送君千里,终有一别。哥哥,你回去。”后来,此语常作为惜别之辞,使人听后心中充满惆怅(chóuchàng)。

三是用螃蟹比喻世上得志的小人或蛮横不法之徒,“看你横行到几时”,一语双关,表示邪不胜正,恶人迟早会受到惩罚。

40 见事莫①说,问事不知,闲事②莫管,无事早归。假饶③染就④真红色,也被旁人说是非⑤。善事可作,恶事莫为。许⑥人一物,千金不移⑦。

【注释】

①莫:不要。 ②闲事:与自己没有关系的事。 ③假饶:即使。 ④就:完成。 ⑤是非:因说话而引起的误会或纠纷。 ⑥许:答应。 ⑦移:改变。

【译文】

见到事情不要发表议论,别人问你什么事就说不知道,与自己无关的事情不要去管,没有什么事情就尽早回家。即使织物上染的是真的红色,也会被别人议论真假。善事可以去做,恶事千万不要去做。答应给别人一件东西,即使有人用千金来换也不要变卦(guà)。

【导读】

本段包含以下三层意思:

一是做人要学会明哲保身,多余的话不说,多余的事不做;如果不是必须,最好就待在家里不要与别人接触,免得惹起是非。真可谓谨小慎微,典型的缩头乌龟形象。作者之所以要如此劝告世人,是因为世上之事纷纭(yún)复杂,祸福难料,是非难辨,“假饶染就真红色，也被旁人说是非”，即使织物上染的是真的红色，也会被别人议论真假，既然如此，除了躲之一途，还有什么其他办法呢？

从作者的上述观点，我们可以判断，作者肯定是经历了世上诸多的不公，看清了世态炎凉，然后才会教人这种近乎冷酷的处世之道。不过，好在作者的心中并非全然都是愤激与凄凉，它还有让我们感到温暖的一面，这就是本段中接下来的两层意思。

二是人在世上，只能做善事，不可做恶事。这种观念，是中国古代社会一以贯之的教化之道。早在《周易·文言传》中就说："积善之家，必有余庆；积不善之家，必有余殃。"即积德行善的人家，一定有福泽留给子孙；积恶行不善的人家，一定会给后代留下灾殃。在成书于北宋末年的《太上感应篇》中，也明确告诉人们"诸恶莫作，众善奉行，久久必获吉庆"。至于民间广泛流传的善有善报、恶有恶报的说法，更是以宗教为手段，告诫人们不可做恶事。

三是做人一定要讲信用，答应给人某件东西，即使此时有人愿出千金来换该件东西，也不可因为贪利而改变承诺。这种观点，在当今市场经济条件下，显得尤为重要。市场经济的目标虽然是追求经济效益，但是，这种对经济效益的追求必须建立在诚信的基础上，否则，市场经济便会陷入无序状态。早在《论语·为政》中，孔子就说过："人而无信，不知其可也。大车无輗（ní），小车无軏（yuè），其何以行之哉？"意即一个人不守信用，不知道怎么可以。大车没有輗，小车没有軏，车子怎么能行驶呢？不过，道理虽然大家都懂，但真正要让人们拒绝利益上的诱惑，按照道理去做，却并不是一件容易的事。

41 龙生龙子，虎生豹儿①。龙游浅水遭虾戏，虎落

平阳②被犬欺。一举③首登龙虎榜④，十年身到凤凰池⑤。十年窗下⑥无人问，一举成名天下知。

【注释】

①虎生豹儿：指老虎生下的孩子像豹子。因老虎和豹子长得很像，故有此说。豹：有的本子作"虎"。 ②平阳：地势平坦的地方。 ③一举：一下子。 ④首登龙虎榜：指名字位列龙虎榜的首位。龙虎榜：指会试时中选。 ⑤凤凰池：禁苑中的池沼（zhǎo）。魏晋南北朝时设中书省于禁苑，掌管机要，因接近皇帝，故也称中书省为"凤凰池"。 ⑥窗下：指在书房的窗户下刻苦读书。有的本子作"寒窗"。

【译文】

龙生出龙子，虎生出的孩子像豹。龙游到浅水滩会被虾戏弄，虎在地势平坦的地方会遭狗欺负。一次考试就名列龙虎榜的首位，经过十年努力就进入了皇宫禁苑。在窗下刻苦攻读十年而没有人理睬你，一下子成名后就整个天下都知道你。

【导读+图说】

本段主要包含以下两层意思：

一是强者虽然强大，但其真正发挥作用还是需要依靠一定的外部条件，一旦失去了这些外部条件，就有可能反被弱小者欺负。比如龙比虾强大得多，但龙适合在深水中活动，一旦到了水浅的地方，就无法施展，这时虾便可以毫无顾忌地戏弄它。同样，老虎比狗强大得多，但老虎适合在深山中活动，一旦到了人口稠（chóu）密的平地，狗就可以欺负它。有一个成语叫"作法自毙"，也包含了这方面的道理。据《史记·商君列传》载："商君亡至关下，欲舍客舍。客人……曰：'商君之法，舍人无验者坐之。'

商君喟(kuì)然叹曰:'嗟(jiē)乎,为法之敝,一至此哉!'"商鞅(yāng)在秦孝公时实施变法,使秦国强大。秦孝公死后,秦惠文王继位,有人诬陷商鞅谋反,商鞅被迫逃亡。当商鞅逃到函谷关的一家旅店准备投宿时,店主却告诉他:根据商鞅所立的法令,没有证件的人不能住店。因此,商鞅感叹:没想到自己制订的法令,却让自己尝到了苦果。商鞅最后被擒获,并被五马分尸。本来位高权重的商鞅被一家小小旅店的店主拒绝,是典型的"虎落平阳被犬欺"。

二是讲述了科举时代发生在读书人身上的巨大变化:一个默默无闻的读书人,一旦在科举考试中获得成功,便可一步登天,进入皇宫禁苑,成为天下闻名的人物。在许多人眼里,封建专制是落后、残暴的代名词,然而,封建专制并非一无是处,其所实行的科举制就有不少值得称道的地方。因为它提倡机会均等,不论是富家子弟,还是寒门学子,只要有真才实学,便可在科举场中一决高

▲ 殿试图,描绘了宋代科举考试的情形

下，考中者便可掌握权力，享受富贵。这种做法，大大化解了社会矛盾，使社会上的精英人物都乐意为朝廷效劳，而不会成为朝廷的异己力量。因此，相比于当今的官员选拔制度，科举制有值得借鉴之处。

42 酒债寻常①行处②有，人生③七十古来稀。养儿防老，积谷④防饥。鸡豚（tún）⑤狗彘（zhì）⑥之畜，无失其时⑦，数口之家，可以无饥矣。常将⑧有⑨日思无日，莫⑩把无时当有时。

【注释】

①寻常：平常。

②行处：处处；随处。

③人生：人的一生。

④积谷：储备粮食。

⑤豚：小猪。　⑥彘：猪。　⑦失其时：指错过繁殖的时机。　⑧将：把。　⑨有：指有财物。　⑩莫：不要。

【译文】

欠人酒钱是很平常之事，到处都有；人活到70岁，那是自古以来就很稀少的事情。养育儿女是防备衰老时无人照料，储积粮食是为了防备饥荒。鸡狗猪等家畜，不要错过它们繁殖的时机，这样几口人的家庭就可以吃饱了。常常在有财物的时候想到没有财物的时候，不要把没有财物的日子当成有财物的日子。

【导读】

本段包含以下两层意思：

一是人在不得志的时候容易借酒浇愁。“酒债寻常行处有，人生七十古来稀”一句，出自唐代杜甫的《曲江二首》之二：“朝回日日典春衣，每日江头尽醉归。酒债寻常行处有，人生七十古来稀。”描写诗人整天与酒为伴，每天“醉归”；而且，为了喝酒，还天天去典当行典当春衣。那么诗人为什么要这么做呢？除了因为在政治上不得志，还因为“人生七十古来稀”。人要活到70岁是很难的事，既然人在世上活的时间很短暂，自己的志向又不能实现，那就不如及时行乐。当然，这表达的是作者一时的愤激之情，不能作为通行的处世方式。

二是生活不能随心所欲，而是一定要有计划性：要生儿育女，这样可以在自己衰老时有人照料；要储备粮食，以防备灾荒；要饲养家畜，并不错失它们繁殖的时机；要居安思危，有财物用的时候要想到没有财物用的时候，从而勤俭节约，并积极去创造财富；等等。

“鸡豚狗彘之畜……可以无饥矣”一句，出自《孟子·梁惠王上》：“鸡豚狗彘之畜，无失其时，七十者可以食肉矣。百亩之田，勿夺其时，数口之家可以无饥矣。”作者在此只是取其头尾，把它们连在一起，显得不大通顺。因此，有的本子在本段中无此一句，而是换成了“当家才知盐米贵，养子方知父母恩”。

43 时①来风送滕王阁②，运③去雷轰荐福碑④。入门休⑤问荣枯⑥事，观看容颜便得知。官清⑦司吏⑧瘦，神灵⑨庙祝⑩肥。

【注释】

①时：时运，一时的运气。 ②风送滕王阁：指风把你送到滕王阁。滕王阁：在今江西南昌市赣(gàn)江滨。唐永徽四年(公元653年)，唐高祖之子滕王元婴任洪

【译文】

运气到来时风会把你送到滕王阁，运气退去时雷会把荐福碑击

州都督时建，以封号为名。 ③运：运气；命运。 ④荐福碑：元代马致远所作《半夜雷轰荐福碑》中的碑，在荐福寺内，上面刻有唐代书法。 ⑤休：不要；别。 ⑥荣枯：草木茂盛与枯萎（wěi），比喻人世的盛衰、穷达。 ⑦清：清白。 ⑧司吏：负责办理文书的小吏。 ⑨灵：灵验；预言能够应验。 ⑩庙祝：庙宇中管香火的人。

毁。进了门用不着问对方境况如何，只要看他的脸色就可以知道。官员清廉，他手下办理文书的小吏就消瘦；神仙灵验，看管香火的人就长得肥胖。

【导读＋图说】

本段包含以下两层意思：

一是人的一生受命运的支配，命运好时，常有意外之喜；命运不好时，极有把握办成的事也会出现意外。类似的观点在上文中经常出现，反映了作者固有的命定论思想。在此，作者用“时来风送滕王阁，运去雷轰荐福碑”来说明命运的支配作用。“风送滕王阁”，说的是唐高宗时，洪州都督阎伯屿（yǔ）重修滕王阁，诗人王勃当时正坐船去交趾探亲，所乘坐的船被

▲ 王勃像，选自清代上官周的《晚笑堂画传》

风吹到滕王阁，适逢阎氏在此大宴宾客，于是王勃受邀参加宴会，并即席赋《滕王阁序》，文辞极其优美，为王勃赢得了极高的声誉。“雷轰荐福碑”，说的是宋代书生张镐穷困潦（liáo）倒，流落在饶州（今江西波阳）荐福寺，寺中有石碑，上面刻有颜真卿的书法，寺僧想拓（tà）印碑帖一千份送他出卖作路费，不料当天晚上碑石被雷击毁。这种极难遇到的事居然发生在本已十分狼狈的张镐身上，张镐真可谓倒霉之极。

▲ 半夜雷轰荐福碑图，描绘了荐福寺中的石碑被雷击毁的情形。选自明代的《元曲选》

二是一个人目前处境的好坏，从他的脸色中就能反映出来，即所谓“观看容颜便得知”。这种说法是有一定道理的，因为一个家境殷实、生活舒适的人，通常会显得红光满面，精神饱满；而一个贫穷不堪、每天都在为生计奔波的人，则通常会显得脸色憔悴（qiáocuì），疲惫不堪。不过，作者要表达的重点似并不在此，而是在下一句：“官清司吏瘦，神灵庙祝肥。”这一瘦一肥，是办事人员在外貌上的表现，却有很深的内涵：司吏之所以瘦，是因为顶头上司为官清廉，他没有油水可捞；庙祝之所以肥，是因为庙中的神仙灵验，前来烧香上供的人很多，他可以从中捞取油水。

44 息却[①]雷霆(tíng)[②]之怒，罢[③]却虎狼[④]之威。饶[⑤]人算[⑥]之本，输[⑦]人算之机[⑧]。好言难得，恶语[⑨]易施[⑩]。一言既出，驷(sì)马难追[⑪]。

【注释】

①息却：停止；停息。却：助词，用在动词后面，表示动作完成。 ②雷霆：暴雷；霹雳(pīlì)。比喻威力或怒气。 ③罢：解除；免去。 ④虎狼：比喻凶残或勇猛。 ⑤饶：宽恕；宽容。 ⑥算：智慧。 ⑦输：逊让。 ⑧机：事物的关键；枢纽。 ⑨恶语：恶毒的话。 ⑩施：施加。 ⑪一言既出，驷马难追：一句话说出了口，就是四匹马拉的车也追不回来。形容话说出之后，无法再收回。驷马：同拉一辆车的四匹马。

【译文】

平息雷霆般的怒气，去掉虎狼那样的威风。宽恕别人是智慧的根本，对人逊让是智慧的关键。好话不容易听到，恶毒的话却很容易说出口。一句话说出了口，就是四匹马拉的车也追不回来。

【导读】

本段包含以下两层意思：

一是要学会宽恕别人，对人要谦让，即所谓“饶人算之本，输人算之机”。关于“饶人算之本，输人算之机”一句，理解起来有一定难度，以往的注译者们也是众说纷纭(yún)，如有的译为宽恕别人是处世的根本，捐助别人是处世的关键；有的译为能饶恕别人是计谋的根本，能向人认输是计谋的关键；有的译为能宽恕别人是做人最基本的，能捐助别人也是做人至关重要的；等等。关键在于对“算”和“输”两个字的理解。从以上翻译看，有的注译者把“算”释为“计谋”，有的则干脆回避了。其实这里的“算”应释为

"智慧"。关于"输"字,有的释为"捐助",有的释为"认输",都不合适,因为这里的"输"与"饶"相对,"饶"是"宽恕"的意思,则"输"释为"逊让""谦让"等就更为恰当。

一个人能学会宽恕别人,对人谦让,自然就不会轻易发怒,更不会在别人面前耍威风、摆架子,所以在中国古代,一直把宽恕和谦让作为重要的美德。在《论语·里仁》中,孔子说"吾道一以贯之",即我的思想是用一个原则来贯穿的。对此,曾子解释说,这个原则就是忠和恕。至于谦让,在《周易》中有《谦》卦(guà),该卦所有的卦爻(yáo)辞都显示吉祥或没有任何不利,这在《周易》六十四卦中是极为罕见的,反映了作者对谦虚之德的重视。

二是说话必须慎重。因为"一言既出,驷马难追",说出去的话不可能收回;加上"好言难得,恶语易施",不少人天性中不愿意说人好话,却极易说别人不爱听的话。这两者加在一起,若不慎重考虑,就很容易说出让你后悔的话。所以在日常生活中,我们不光要三思而后行,也要做到三思而后言。

45 道吾好者是吾贼①,道吾恶②者是吾师。路逢险处须当避,不是才人③莫④献诗。三人同行,必有我师⑤焉:择其善者而从⑥之,其不善者而改之。少壮⑦不努力,老大⑧徒⑨伤悲。人有善愿,天必佑(yòu)⑩之。

【注释】

①贼:祸害。 ②恶:不好。 ③才人:有才华的人。 ④莫:不要。

【译文】

说我好的人是害我的人,说我不好的人是我的老师。在路上碰到危险的地方一定要避开,不

⑤师：一说指师法、学习；一说指老师。 ⑥从：跟从；跟随。 ⑦少壮：年轻力壮。有的本子作“少小”，少小是年幼的意思。 ⑧老大：年纪大。 ⑨徒：白白地。 ⑩佑：帮助；保护。

是有才华的人就不要向他献诗。三个人同行，其中一定有值得我学习的人：选择其中好的方面去学习，对其中不好的方面则对照自己加以改正。年轻力壮的时候不奋发努力，年纪大的时候就会空自悲伤。一个人有善良的愿望，上天一定会帮助他去实现。

【导读】

本段主要包含以下两层意思：

一是做人要虚心，不要光喜欢听好话，有时候不好听的话才是真正有价值的话，即所谓“道吾恶者是吾师”。然而，爱听好话，不爱听批评的话，这是人的天性，但是这一天性却正是人天生的弱点。因为听惯了太多表扬的话，人就会飘飘然，以为自己什么都好，从而不再努力，不再上进，长此以往，最后吃亏的当然是自己。相反，批评的话虽然难听，但是，它可以使你清醒，使你看到自己的不足，从而奋发努力，这样当然就更容易走向成功。因此，在封建朝廷中，通常设有谏(jiàn)官，其职责就是向皇帝提不同的意见，以免皇帝偏听偏信。然而，遗憾的是，历史上喜欢歌功颂德的皇帝多，喜欢听逆耳之言的皇帝少，所以朝代才会不断更替。

“三人同行……其不善者而改之”一句，出自《论语·述而》，只是《论语》中作“三人行”，而不是“三人同行”。

二是人从小就应努力学习，否则就会一事无成，到老时徒自伤悲。“少壮不努力，老大徒伤悲”一句出自《乐府诗集·长歌行》：“百川东到海，何时复西归？少壮不努力，老大徒伤悲。”众多的江河向东奔向大海，从来就没有向西流过。人生也是一样，都是从小到老，从来都不会由老变少。因此，如果年少的时候不奋发努力，那么到老时除了空自悲叹，还能有什么呢？

46 莫[①]吃卯(mǎo)时[②]酒，昏昏醉到酉(yǒu)[③]。莫骂酉时妻[④]，一夜受孤凄[⑤]。种麻[⑥]得麻，种豆得豆。天网[⑦]恢恢[⑧]，疏[⑨]而不漏。

【注释】

①莫：不要。 ②卯时：早晨五点到七点。 ③酉：下午五点到七点。 ④莫骂酉时妻：指不要在酉时责骂妻子。 ⑤孤凄：孤单凄凉。 ⑥麻：指麻的种子。麻是黄麻、大麻、亚麻等麻类植物的统称。 ⑦天网：上天布下的罗网。也特指国家的法律。 ⑧恢恢：形容非常广大。 ⑨疏：稀疏，事物的部分之间空隙大。

【译文】

不要在早晨喝酒，那会让你昏昏沉沉一直醉到傍晚。不要在傍晚时责骂妻子，那会让你整个晚上都感到孤单凄凉。种下麻的种子就会长出麻来，种下豆的种子就会长出豆来。上天布下的网非常广大，虽然稀疏却不会有遗漏。

【导读＋图说】

本段包含以下两层意思：

一是无论做什么事情都要寻找合适的时机，如果做事的时机不对，你就会付出不必要的代价。比如喝酒，如果在晚上喝，即使喝多了，你也可以上床睡觉，一觉睡到天亮，什么事情都不会耽(dān)误；比如你要埋怨妻子，你可以在大白天埋怨，即使她有什么不满，到了晚上，气也消了，也不会耽误什么事情。相反，如果你在大早晨喝酒，一旦喝醉了，白天的事你还干不干？你在晚上责骂妻子，她给你脸色看，那么整个晚上你就只好在孤独凄凉中度过。在喝酒、责怪妻子这样的小事情上都要把握时机，在学习、工作、创业等事情上就更要把握时机了。东汉末年，诸葛亮隐居南阳，自称卧龙，静观天下大势，等到刘备三顾茅庐，便毅然出山，终于成就一番事业，就是能把握时机的典型。

▲ 孔明出山图，绘于明代

二是有什么因，就有什么果；做了什么样的事情，就会产生什么样的结果。正如“种麻得麻，种豆得豆”，如果积德行善，你就会有好的报应；如果作恶犯罪，你就会受到法律的严惩。因为“天网恢恢，疏而不漏”，你或许能躲过一时，但躲不过一世。“天网恢恢，疏而不漏”一句出自《老子》第七十三章，原作“天网恢恢，疏而不失”，但意思完全一样。

47 见官莫[①]向前，做客莫在后。宁添一斗[②]，莫添一口[③]。螳螂（tángláng）[④]捕蝉[⑤]，岂[⑥]知黄雀在后。不求金玉重重[⑦]贵，但愿儿孙个个贤[⑧]。一日夫妻，百世[⑨]姻缘[⑩]。百世修[⑪]来同船渡，千世修来共枕眠[⑫]。

【注释】

①莫:不要。 ②一斗:指一斗粮食。 ③口:人口;人。 ④螳螂:昆虫,绿色或土黄色,有两对长翅,前腿镰刀状。捕食害虫。 ⑤蝉:昆虫,种类很多,雄的腹部有发音器,可以持续不断地发声。俗称知了。 ⑥岂:哪里;怎么。 ⑦重重:一层又一层,形容很多。 ⑧贤:有品德或才能。 ⑨世:三十年。也指人的一代、一辈子。 ⑩姻缘:婚姻的缘分。 ⑪修:修行;修炼。 ⑫眠:睡觉。

【译文】

见到官员时不要向前凑,做客时不要躲在后面。宁可增添一斗粮食,不要增添一口人。螳螂准备捕捉知了,哪里知道黄雀正在它的身后要吃它。不追求有很多贵重的金银珠玉,只希望子孙个个都很贤能。做一天夫妻,就结下了百世的缘分。修炼一百世才有同乘一条船的机会,修炼一千世才有同床共枕的机会。

【导读+图说】

本段包含以下五层意思:

一是为人处世要把握分寸,要知道在什么场合做什么事。见到官员时,不要往前凑,因此古代官员权力很大,威严无比,老百姓见到官员时往前凑,一旦惹得官员不高兴,你就会吃不了兜着走,弄不好还会有性命之忧。所以见到官员,最好是敬而远之。然而,当你去别人家里做客时,你就不要往后躲,而要大大方方地上前与主人打招呼,拉家常,谈事情,否则,人家就会说你没礼貌,为人小气,上不了台面。

二是轻易不要生孩子,以免增加负担。虽然中国传统观念是多子多福,但那是对富贵人家而言的,对于普通百姓来说,解决自己的温饱尚且是个很大的问题,突然间增添一个孩子,这无疑是沉重的负担。在古代中国,每当遇到天灾人祸,便会发生卖儿鬻(yù)女之事，就与普通人家经济基础薄弱，养不起孩子有关。所以说“宁添一斗，莫添一口”，这是相对于古代农业社会靠天吃饭、家无余粮的状况而言的。

▲ 螳螂图，选自《中国清代宫廷版画》

三是做事情要注意周密考察，不要只看到做某件事有利可图，而看不见其中隐藏的祸患。所谓“螳螂捕蝉，黄雀在后”，说的就是这个道理。“螳螂捕蝉，黄雀在后”的故事出自《庄子·山木》，庄子看见一只很大的鸟落在栗林中，便拿着弹弓准备弹鸟。这时，他看见一只知了，正在浓荫（yīn）下美美地休息；一只螳螂则躲在树叶后准备捕知了；而那只大鸟则正准备吃螳螂，根本不知道庄周拿着弹弓要弹它。因此，当人们发现某事有利可图的时候，一定要冷静分析它的负面影响。

四是子孙贤能比家中堆满金银财宝还重要。《老子》第九章中说：“金玉满堂，莫之能守”，满堂的金玉，没有谁能永远守护。为什么呢？金玉是死的东西，它只伴随有能力的人。因此，虽然你的家里堆满了金银，但是，如果你的子孙不成材，只知花天酒地，任意挥霍，转眼间就会一贫如洗。相反，即使你很贫穷，但是你的子孙很贤能，那么想得到金银财宝、让家庭富裕起来就只是时间早晚的问题；而且，他们不仅能发家，还能守住这份家业，再传给子孙后代。所以，把钱财和子孙贤能作比较，后者无疑是更为重要的。

五是要珍惜夫妻姻缘。夫妻关系是家庭关系的基础，也是整个社会的基础，若夫妻关系破裂，就会影响父子、母子等多重关系，并间接地影响到社会的稳定。所以，中国古代对夫妻关系极为重视，如《周易·序卦（guà）传》中说："有夫妇然后有父子，有父子然后有君臣，有君臣然后有上下，有上下然后礼义有所错（即'措'）。"有意思的是，本段中对于夫妻姻缘重要性的论述是借助某种迷信来进行的，即所谓"百世修来同船渡，千世修来共枕眠"，男子和女子修炼一百世，才得到同船渡河的机会；只有修炼一千世，才能最终在一起同床共眠。既然如此，怎能不珍惜这来之不易的缘分呢？

48 杀人一万，自损三千。伤人一语，利如刀割。枯木逢春犹①再发②，人无两度③再少年。未晚先投宿④，鸡鸣早看天。

【注释】

①犹：还；尚且。

②发：生长。

③两度：两次。

④投宿：找地方住宿。

【译文】

杀死敌人一万，自己损失三千。伤害人的一句话，就像用锋利的刀砍人一样。枯萎（wěi）的树木遇到春天还能重新生长，人却没有两次年少的时候。天还没有黑就要先找地方住宿，公鸡鸣叫时要及早起来看看天气。

【导读】

本段包含以下两层意思：

一是有作用力就有反作用力，当你伤害别人时，同样也会伤害到自己。这就好比打仗，杀死敌人一万，这是很大的战果，但是，这个战果不是轻易得来的，己方也会损失三千人，即所谓"杀人一万，自损三千"。以三千比一万，虽然看上去很划算，但是三千人的性命也是十分惨重的代价，所以军事上的最高境界是"不战而屈人之兵"，即不通过打仗而战胜敌人。同样，恶语伤人，会让受到伤害的一方十分痛苦："利如刀割"。但是，对方受到攻击后，不会轻易罢休，肯定要予以还击，他也同样可以用伤人的话让你"利如刀割"。因此，这个账算下来，最高明的办法还是大家互不伤害，和睦相处。

二是人生是一条不归路，只能往前走，不可能重新走，因为"人无两度再少年"。既然如此，我们在走人生之路前就要好好设计，尽量走一条风景优美的阳关大道，千万不要去走危机四伏的暗黑之路。"未晚先投宿，鸡鸣早看天"，指的是外出旅行时，天未黑就要赶紧找到住宿的地方，以免天黑后没有地方过夜；天刚亮时就要赶紧看看天色，判断是晴天还是会下雨，以便为当天的活动作出安排。所说内容虽十分具体，但也有深刻的意蕴，即做什么事都要未雨绸缪（chóumóu），提前准备，切莫浑浑噩（è）噩，无所用心，那样在遇到事情时便会束手无策。

49 将相①顶头②堪③走马④，公侯⑤肚里好撑船⑥。富人思来年⑦，贫人⑧思眼前。世人若要人情⑨好，赊（shē）⑩去物件莫⑪取钱。死生有命⑫，富贵在天。

【注释】

①将相：将军和宰相。　②顶头：顶

【译文】

将相的头顶可以

端，即头顶。 ③堪：能。 ④走马：骑马奔跑。 ⑤公侯：公爵和侯爵，是古代五等爵中的第一和第二位。也泛指官高位显的人。 ⑥撑船：用篙(gāo)使船行进。 ⑦来年：明年。 ⑧贫人：穷人；贫民。 ⑨人情：人的感情。 ⑩赊：买卖货物时买方延期交款，卖方延期收款。 ⑪莫：不要。 ⑫命：命运，迷信的人指人一生注定的生死、贫富和一切遭遇。

骑马奔跑，公侯的肚子里能够划船。富人想的是明年的事，穷人只考虑眼前的事。世上的人如果要与别人有好的交情，除非在别人赊欠东西时不向对方要钱。一个人的死和生由命运安排，富和贵受上天掌握。

【导读+图说】

本段包含以下四层意思：

一是做人要有度量，那些做将相公侯的人，常常有很好的度量：将相的头顶可以骑马奔跑，公侯的肚子里能够划船。另外如“宰相肚里好撑船”“大肚能容容天下难容之事”，说的也是这个道理。事实上，一个人想成就一番事业，就必须有大的度量。因为干事业必须与他人合作，而与他人合作就难免发生矛盾、产生冲突，在这个时候，没有度量的人常常会或拂袖而去，或甩手不干，或宣布不再与合作伙伴合作，所谓的事业也就因此付诸东流。在这个问题上，我们还真是要佩服汉高祖刘邦。刘邦本人似乎没有什么大的本事，对此，他自己也公开承认，然而他却是汉朝的开国皇帝。据《史记·高祖本纪》载，刘邦建立汉朝后，曾经对手下的人说：运筹帷幄(wéiwò)之中，决胜千里之外，我不如张良；安抚百姓，保障后勤，我不如萧何；战必胜，攻必取，我不如韩信。那么刘邦是靠什么夺取天下的呢？他说：“此三者，皆人杰也，吾能用之，此吾所以取天下也。”他能让张良、韩信、萧何这三位人杰死

▲ 汉初“三杰”萧何、韩信与张良，清代马骀（tái）绘

心塌地跟着自己，所以他才取得了天下。那么刘邦又是靠什么让这三个人死心塌地跟他的呢？原因主要就是三个字：度量大。

二是人只有有了多余的物质财富，才能去考虑长远之事，即所谓“富人思来年，贫人思眼前”。富人因为有充足的物质财富，没有眼前的衣食之忧，所以他可以从容地考虑明年的安排，包括如何扩大经营规模，如何更好地赚钱之类；穷人因为整天受温饱困扰，所以他满脑子想的只是眼下如何不被饿死、冻死，当然不可能去考虑长远之事了。这样导致的结果就是：富人越来越富，穷人越来越穷。

三是一个人只有懂得付出，才能营造良好的人际关系。“世上若要人情好，赊去物件莫取钱”，话说得似乎有些绝对，但确实很有道理。在现实生活中，常常会遇到这样的情况：在某个小圈子中，或在某个单位里，某人被边缘化了，人们都不愿意搭理他，此人常常会对此百思不得其解，感到十分委屈。其实你只要问问他：在你所处的群体中，你是否愿意付出，是否愿意无偿为大家服务？他准会回答：凭什么呀！事实上这就是问题的症结所在。正因为他的自私，不愿意付出，才使大家不愿意跟他交往。因此，如果他真的想融入这个圈子，也是十分容易的：只要他愿意付出，愿意为大家服务，用不着“赊去物件莫取钱”，大家很快便会对他刮目相看，并把他视为自己的好朋友。

▲ 子夏像

四是一个人寿命的长短、是否能享受富贵，都是由命运决定的，即所谓“死生有命，富贵在天”。“死生有命，富贵在天”一句，见于《论语·颜渊》：“子夏曰：‘商闻之矣：死生有命，富贵在天。’”子夏是孔子的弟子，他在与司马牛谈话时说：我听人说过：“死生有命，富贵在天。”当然，这句话表达的思想是错误的，因为一个人寿命的长短，固然受遗传基因的影响，但一个人后天的生活习惯、生活状况对寿命会有很大的影响，并非“死生有命”；同样，一个人能否享受富贵，与他是否积极努力、能否把握机会密切相关，而并非“富贵在天”。

50 击石原有火①，不击乃②无烟。人学始知道③，不学亦徒然④。莫⑤笑他人老，终须还⑥到老。但⑦能依⑧本分⑨，终须无烦恼。

【注释】

①有火：指能产生火花。

②乃：就。 ③道：道理；规

【译文】

击打石头自然会产生火花，不去击打便不会有烟冒律。 ④徒然:枉然,得不到任何收获。 ⑤莫:不要。 ⑥还:又。 ⑦但:只要。 ⑧依:按照。 ⑨本分:安于所处的地位和环境。

出。人通过学习才懂得道理,不去学习就不会有任何收获。不要嘲笑他人年纪老,你自己终究也会变老。只要能安于所处的地位和环境,就不会有什么烦恼。

【导读】

本段包含以下三层意思:

一是强调学习的重要性,认为只有通过学习,才能懂得道理,否则就会糊里糊涂地过一辈子。为了说明这个问题,作者以击石生火为例:石头间互相撞击就能产生火花,如果不去撞击,就不会有火花产生;撞击石头能产生火花,这是事物的本性,就如人通过学习能掌握知识一样;不去撞击石头,火花就无从产生,正如人不去学习就不会懂得事理。也就是说,人拥有通过学习掌握知识的能力,但是这种能力只是一种可能性,它不等于知识本身,只有通过认真的学习,才能真正掌握知识,懂得事理。

“击石原有火……不学亦徒然”的说法出自唐代孟郊的《劝学》诗:“击石乃有火,不击元无烟。人学始知道,不学非自然。”只是在个别文字上存在出入。

二是不要嘲笑老人,因为你自己也会很快变老。这种观点,在前面也有类似的表述,如在第28段中说:“人见白头嗔(chēn),我见白头喜。多少少年亡,不到白头死。”第32段中说:“白发不随老人去,看来又是白头翁。”可参看这两段的“导读”。

三是强调做人要本分。所谓本分,就是安于所处的地位和环境。每个人都有自己的社会地位和社会定位,如果你根据自己的地位和定位来说话,来行动,你的言行就容易被大家接受,当然也不会惹来什么麻烦。反之,如果你的言行与身份不符,好比一个农民，却去议论科学家应怎么搞科研；一个演员，偏要去评论医生应该怎么治疗某些疑难杂症，这无疑属于越俎（zǔ）代庖（páo），也可以称为不守本分。不守本分就会惹来诸多不必要的麻烦，如被斥为无知，不懂装懂，等等。其实，在《论语》中，孔子就一再强调："不在其位，不谋其政。"（见《论语·泰伯》及《论语·宪问》）即不在那个职位上，就不要去考虑那个职位上的政事，表达的也是人应安于本分的意思。

51 君子①爱财，取之有道②；贞妇③爱色④，纳⑤之以礼⑥。善有善报⑦，恶有恶报；不是不报，日子未到。

【注释】

①君子：人格高尚的人。②有道：指符合道义。③贞妇：旧时称从一而终、丈夫死后不再嫁人的妇女。④色：女子的美貌。⑤纳：娶。⑥礼：我国古代制定的行为准则及道德规范。⑦报：回应；报应。

【译文】

君子喜欢钱财，但是通过正当的手段获得；贞节的女子也喜欢漂亮，要用符合礼义的方式去娶她。积德行善的人会有好的报偿，为非作歹的人会有坏的报应；不是没有报应，而是报应的日子还没有到。

【导读】

本段包含以下两层意思：

一是人们都喜欢钱财和美色，但是获得钱财和美色的途径一定要正当。关于"君子爱财，取之有道"，前面多有论述，如第4段中说：“钱财如粪土，仁义值千金”；第22段中说：“宁可正而不足，不可邪而有余”。可参看这两段中的“导读”。关于“贞妇爱色，纳之以礼”，主要说明两点：首先，贞节与爱美并不矛盾，不要以为贞节的女子就不爱打扮，也不要以为喜欢打扮的女子就不贞节，因为爱美是人的天性；其次，对于贞节而又爱美的女子，要用符合礼义的方式去娶她，不可行苟且之事。

二是强调因果报应：行善会有好的报偿，作恶则会有坏的报应。虽然有时候作恶的人暂时没有受到报应，但那并不是说没有报应，只是报应的时候还未到。类似的思想也见于第38段：“善恶到头终有报，只争来早与来迟。”可参看该段的“导读”。

“善有善报，恶有恶报”的说法出自唐代释道世的《法苑珠林·卷八·六道诸天·报谢》：“故经曰：‘行善得善报，行恶得恶报。’”到宋代陈元靓的《事林广记·卷九·警世格言》中进一步丰富为：“善有善报，恶有恶报，善恶未报，时节未到。”常用于感激行善者或诅咒（zǔzhòu）作恶者。即使在今天，这句话在社会上仍有很大的影响。

52 人而①无信②，不知其可③也。一人道好，千人传实④。凡事要好，须问三老⑤。若争小可⑥，便失大道⑦。

【注释】

①而：如果。　②信：诚实；不虚假。　③可：可以。　④千人传实：指经过上千人的传播就成为真实的。　⑤三老：指

【译文】

一个人如果不守信用，不知道怎么可以。一个人说好，经过上千人的传播就变成了真的。如果想

三个德高望重的老前辈。也泛指有声望的老人。 ⑥小可:指很细小、寻常的事情。 ⑦失大道:失去准则;违背道义。

把事情办好,必须先问一问三个有声望的老人。如果计较细枝末节,就会违背根本原则。

【导读】

本段包含以下三层意思:

一是为人必须讲信用,因为"人而无信,不知其可也"。然而,现实生活中却大量存在着这样的现象:一个受贿多年的贪官,可以堂而皇之坐在主席台上大讲反腐倡廉;一些不法商家,一个个聚敛起了巨额财富,而那些诚实守信的经营者,却经常为生计而发愁;假冒伪劣产品充斥市场,制假贩假者一个个逍遥法外;……严酷的现实似乎在告诉我们:人而无信,并无不可。但是,我们一定不要被暂时的现象所蒙蔽,从而对自己的信念发生动摇,因为在上一段就说过:"不是不报,日子未到",那些不守信用的得志小人,迟早会受到严厉的惩罚。

"人而无信,不知其可也"一句,出自《论语·为政》:"子曰:'人而无信,不知其可也。大车无輗(ní),小车无軏(yuè),其何以行之哉?'"意思是:孔子说:"一个人不守信用,不知道这怎么可以。大车没有輗,小车没有軏,车子怎么能行驶呢?"輗和軏都是古代车辆中的重要部件,没有它们车辆就不能行驶。孔子把信用看作仿佛车辆上的輗和軏,认为人不讲信用,那该如何做人呢?可见孔子把信用看得是多么重要了。

二是人们往往有一种盲目从众的心理,比如某一部电影,有人说拍得好,大家便会一窝蜂地争相去看;某个门前排起了长队,便会有人跟着排队;说某个人很有名,大家便会纷纷对他恭敬有加;等等。这就是所谓的"一人道好,千人传实"。当然,这个率先道好的人不能是普通人,普通人缺乏公信力,所以必须是名人。古代社会传媒不发达，很难形成像现在这样影响全国的名人，因此，那个时候便把“三老”奉为名人。“三老”即三位有声望的老人。如果你想做某件事情，便要先向“三老”咨询，如果他们认为好，受到他们的认同，那么这件事就能做好，此即所谓“凡事要好，须问三老”。

三是看问题要把握其实质，不能纠缠于细枝末节，因为若纠缠于细枝末节，便会被表面现象所迷惑，无法认清其根本，即会“失大道”。这种观点，用哲学的语言来表达，就是认识事物要抓主要矛盾，因为主要矛盾决定着事物的性质。与主要矛盾相对的是次要矛盾，它是对事物性质侧面的、枝节的反映，所以不能因次要矛盾而影响对主要矛盾的把握。比如说要解决城市道路拥堵的问题，那么如何让城市有更多的、设计更合理的道路供车辆行驶，这是最主要的，也就是主要矛盾；而收取道路拥堵费、提倡绿色出行、提高油价等等，这些措施对缓解道路拥堵有一定的作用，但起不到根本的作用，所以属于次要矛盾。次要矛盾的解决对主要矛盾的解决有促进作用，但不会起决定性的作用。

53 年年防饥①，夜夜防盗。好②学者如禾③如稻，不学者如蒿（hāo）④如草。遇饮酒时须饮酒，得⑤高歌⑥处且⑦高歌。因⑧风吹火，用力不多。

【注释】

①饥：饥荒，因粮食歉收等引起的食物严重缺乏的状况。

②好：喜欢。

③禾：谷类作物的幼苗，特指水稻的植株。

【译文】

每一年都要防止饥荒，每天晚上都要防备盗贼。爱好学习的人就像有价值的禾苗和稻谷，不爱学习的人就

④蒿：蒿子，一种草本植物，叶子羽状分裂，有特殊气味。
⑤得：适合。 ⑥高歌：放声歌唱。 ⑦且：即；就。
⑧因：顺；凭借。

像没有价值的蒿子和杂草。遇到喝酒的机会就喝酒，适合放声歌唱时就放声歌唱。顺着风去吹火，不需要用太多的力气。

【导读+图说】

本段包含以下四层意思：

一是凡事要以预防为主。不管粮食丰收还是歉收，都要防止发生饥荒；不管有贼还是无贼，晚上都要防备有贼前来偷盗。因为有备无患，否则，心存侥（jiǎo）幸，一旦事到临头，就会束手无策，后悔莫及。

二是人只有通过学习，才能成为有用的人才，否则就会与废物无异，此即所谓"好学者如禾如稻，不学者如蒿如草"。因为禾苗和稻谷有利于人们的生活，而蒿子和杂草则不但没有多少用处，长在田地里还会成为累赘（zhuì），所以以此作喻。中国人历来崇尚学习，孙敬头悬梁，苏秦锥（zhuī）刺股，匡衡凿壁偷光，车胤（yìn）"囊（náng）萤"即把数十只萤火虫装入囊中来照明读书，都是流传千古的勤奋好学的佳话。

三是做人不要过于拘谨，有时也不妨豁（huò）达随意一些，"遇饮酒时须饮酒，得高歌处且高歌"，因为人生本就十分短暂，如果你时时生活在紧张之中，这样的人生是缺乏乐趣的。孔子是儒家的圣人，也是一个生活态度十分严谨的人，但孔子不是一个死板的人，阅读《论语》全书，大家便会发现，孔子喜欢唱歌，喜欢弹琴，而且经常跟自己的学生开玩笑。圣人尚且如此，作为一个普通人，又有什么必要总是端着呢？

四是做事情要因势利导，要懂得借助外界条件。"因风吹火，用力不多"，顺着风去吹火，不需要用太多的力，效果却十分明

▲ 琴吟盟坛图，描绘了孔子弹琴唱歌的情形。选自《孔子圣迹图》

显。类似的例子还有很多，如《荀子·劝学》中说：“登高而招，臂非加长也，而见者远；顺风而呼，声非加疾也，而闻者彰。假舆(yú)马者，非利足也，而致千里；假舟楫(jí)者，非能水也，而绝江河。”意即登上高处招手，手臂没有加长，但远处的人都能看见；顺着风呼喊，声音没有增强，但是别人听得更加清楚。利用车马远行的人，并不是善于行走，却能达到千里之远；利用船和桨渡河的人，并不是擅长游泳，却能横渡江河。因此，在具体的生活、学习和工作中，我们一定要学会借助各种条件，而不是傻乎乎地只知道凭一人之力蛮干。

54 不因渔父①引②，怎得见波涛。无求到处人情③好，不饮从④他酒价高。知事少时烦恼少，识人多处是非⑤多。入山不怕伤人虎，只怕人情两面刀⑥。

【注释】

①渔父：老渔翁。②引：带领；引导。③人情：人的感情。④从：听凭；任凭。⑤是非：因说话而引起的误会或纠纷。

⑥两面刀：即两面三刀，比喻当面一套背后一套，玩弄欺骗手法。

【译文】

没有老渔翁的引导，怎么能看见江湖上的波涛。不求人的时候，与别人的感情都很好；不喝酒的时候，任凭它酒价涨到多高。知道的事情少的时候烦恼就少，认识的人多的地方纠纷就多。不怕进山时会碰到伤害人的老虎，只怕那些两面三刀的人。

【导读＋图说】

本段包含以下四层意思：

一是人生的旅途最好有人引领，不要一味地靠自己闯荡。对于每一个刚刚踏入社会的年轻人来说，生活是全新的，如何处理与同事的关系，面临机遇时如何抉择，如何面对事业上的挫折，等等，都是新的课题，如果处理不好，会给自己的前途造成很多麻烦。在这个时候，如果有一位过来人，一位年长的智者，给你提供帮助和指导，告诉你前人的经验和教训，你就会妥善地处理好这些问题，从而

▲ 渔父图，明代邵弥绘

使自己的事业一帆风顺。“不因渔父引，怎得见波涛”，说的就是这方面的道理。因为渔父长年在江湖上打鱼，见识过无数的惊涛骇浪，有他的指引，你就能看见平时见不到的风景。

二是轻易不要去求人，“无求到处人情好”；反之，一旦有求，人情就会变味。俗话说，有求皆苦。同事之间，朋友之间，聚在一起，聊聊时事，谈谈家常，轻松自在，其乐融融。这个时候，你突然开口向对方借钱，而且数目还不小；或者你突然求对方帮忙，而且处理起来还很麻烦，你就极有可能碰钉子，给融洽的同事、朋友或亲戚关系蒙上阴影。尤其是，当你打算求人时，你首先就在求助的对象面前矮了半截，不说低三下四，总得陪上一副笑脸吧，自尊心未免受到打击。而且，你还要做好万一被对方拒绝的心理准备，或者承受被对方拖着不办的心理煎熬。因此，奉劝世人，除非万不得已，如不求人生活就无法继续，就千万不要轻易求人。当今社会，办事凭关系，有事找熟人，似乎已经成了一种风气，于是，一些有权有势的人，便高傲自大，不可一世。然而，“不饮从他酒价高”，酒价再高，我不喝酒，多贵的酒都与我无关；同样，你的权势再大，我不求你，再大的官也与我无关。只有这样，才能培养自尊自爱、自强不息的精神素质。

三是凡事均有正反两面，知道的事情多，认识的熟人多，这当然是好事，但是，依作者的说法，知道的事情少，也并非不好，因为“知事少时烦恼少”；认识的人多，也并非好事，因为“识人多处是非多”。所以，关键要看你从哪个角度去认识。不过，需要说明的是，上述观点只是饱经沧桑的人发出的感慨，并不是真的希望大家知道的事和认识的人越少越好。

四是人群中那些两面三刀的人是最可怕的，甚至比山上会吃人的老虎还要可怕。因为老虎会吃人，这是人人都知道的，因此，见到老虎，你可以赶紧避开；而那些两面三刀的人则不同，他们当面一套，背后一套，在你面前装得跟你十分亲热，事事为你着想，可是一背过脸去，就在那里使坏，设法置你于死地，让你防不胜防。有一个成语叫作“笑里藏刀”，说的就是两面三刀的人。据《新唐书·李义府传》载，李义府在唐高宗时任中书侍郎，为人外表柔顺恭敬，与人说话时总是满面笑容，但只要有谁不小心违逆了他，他必会想方设法加以迫害。所以当时的人都称他为“李猫”“笑中刀”。请想一下，这样的人是不是比老虎还要可怕呢？

55 强中更有强中手①，恶人须②用恶人磨③。会使④不在⑤家豪富⑥，风流⑦不用着（zhuó）衣⑧多。光阴⑨似箭，日月如梭（suō）⑩。天时⑪不如地利⑫，地利不如人和⑬。

【注释】

①手：指居于某种地位的人。 ②须：需要。 ③磨：折磨。 ④会使：指善于使用金钱、物品等。 ⑤在：决定于；取决于。 ⑥豪富：指有钱有势。 ⑦风流：风雅潇（xiāo）洒。 ⑧着衣：穿衣。 ⑨光阴：时间。 ⑩日月如梭：太阳和月亮像穿梭似的来去，形容时间过得很快。梭：织布机上用来牵引纬线的工具，形状像枣核。 ⑪天时：适合做某事的自然气候条件。 ⑫地利：地理优势。 ⑬人和：指人心归向，上下团结。

【译文】

本领高强的人中有本领更高强的人，恶人需要用别的恶人来折磨。善于使用财物的人不一定非要家里有钱有势，风雅潇洒的人用不着穿很多的衣服。时间像箭一样飞逝而去，日月像穿梭似的来去。气候条件好不如拥有地理优势，拥有地理优势不如人心团结。

【导读+图说】

本段包含以下四层意思：

一是天外有天，人外有人，学无止境。一个人的本领高强，总会出现比他本领更为高强的人，正如体育竞技场上的世界纪录总是被不断打破、刷新。因此，人永远不要骄傲自满，永远不要以为自己比别人强，否则，一旦碰到比你更强的人，你就会十分难堪。同样，有些恶人不可一世，以为没有人敢惹他，但是总有一天，会碰到一个比他更恶的人来折磨他。有一个成语叫作“请君入瓮”，说的就是用恶人折磨恶人的故事。据《资治通鉴·唐纪·则天后天授二年》载，周兴和来俊臣都是武则天信任的酷吏，有人状告周兴与丘神绩一起谋反，武则天命来俊臣处理此事。来俊臣设宴招待周兴，席间，来俊臣问周兴有什么好办法可以让囚犯痛快地交代自己的罪行，周兴回答说：“此甚易耳！取大瓮，以炭四周炙(zhì)之，令囚入中，何事不承？”“俊臣乃索大瓮，火围如兴法，因起谓兴曰：‘有内状推兄，请兄入此瓮。’兴惶恐叩头伏罪。”后以“请君入瓮”比喻以其人之道还治其人之身。

▲ 周兴来俊臣图，描绘了来俊臣请周兴入瓮的情形。选自《清刻历代画像传》

二是日子过得是否宽裕，并不在于家里拥有多少财富，关键在于合理安排；一个人是否风流潇洒，并不在于衣服穿得多么华

▲ 在川观水图，描绘了孔子与弟子们因观东流之水而感叹的情形。选自《孔子圣迹图》

丽，关键在于内在的修养，此即所谓“会使不在家豪富，风流不用着衣多”。因此，即使是一个小户人家，只要主人懂得精打细算，照样能衣食无忧；即使是一个普通人家的子弟，只要才学出众，胸襟(jīn)开阔，照样可以活得风流潇洒。

三是时光飞逝，人生短暂，一定要抓紧时间刻苦学习，努力奋斗，使生命的价值最大化。“光阴似箭，日月如梭”，是用箭的飞行和织布时梭子来去的快速来形容时光流逝之迅捷。与此相似，孔子则用奔腾的河流来比喻时光的流逝，《论语·子罕》中说：“子在川上，曰：‘逝者如斯夫！不舍昼夜。’”意思是：孔子站在河岸上，说：“时光逝去就像这奔腾的河流一样啊！日夜不停。”人生短暂，然而人却一直在追求永恒，这两者之间的矛盾，即使圣如孔子，也感到无可奈何。

四是人处于天地之间，其活动受到气候、地理环境等条件的制约，虽然如此，但真正能起决定作用的还是人的因素；只要人与人之间和睦团结，就能克服气候条件、地理环境对人的不利影响，此即“天时不如地利，地利不如人和”的含义。“天时不如地利，地利不如人和”一语出自《孟子·公孙丑下》，为了说明其中的道理，孟子举例说，譬（pì）如有一座小城，敌人围攻它而不能把它攻下。在长期的围攻中，一定有好的气候条件出现，却不能取胜，这就说明得天时不如占地利。又譬如有另一座城，城墙不是不高，护城河不是不深，兵器不是不好，粮食不是不多，但是敌人一来进攻，守城者便弃城而逃，这说明占地利不如得人和。孟子的这一说法是很有道理的。一个国家要真正强大，要在与敌人的较量中最终取胜，关键不是有多少先进武器，有多么优越的后勤保障，而是能否使国人万众一心，众志成城。

56 黄金未为①贵，安乐②值钱多。世上万般③皆下品④，思量⑤唯有⑥读书高。世间好语书说尽，天下名山⑦僧⑧占多。为善最乐，为恶难逃。

【注释】

①未为：还不是。 ②安乐：安康快乐。 ③万般：各种各样。 ④下品：下等。泛指质量或等级最低的。 ⑤思量：考虑。 ⑥唯有：只有。 ⑦名山：著名的大山。 ⑧僧：和尚；出家修行的男性佛教徒。

【译文】

黄金并不是最贵重的，安康快乐更为值钱。世界上各种各样的行业都属于下等，想来想去只有读书才是最高等的。人世间的好话都写在书上了，天下著名的大山大多被僧人占有了。做善事是最快乐的，做恶事则难逃惩罚。

【导读】

本段主要包含以下三层意思：

一是平安快乐是最宝贵的，它比黄金要贵重得多。这其实是在身心康乐和金钱之间作出取舍。人生活在世间，最重要的目标就是追求幸福，幸福通常需要以金钱为基础，因为对于普通人来说，如果没有一定的物质基础，是很难享受到真正的幸福的，所谓“贫贱夫妻百事哀”，说的就是这个道理。既然金钱对幸福如此重要，那就义无反顾地去挣钱吧，于是起早贪黑，不顾疲劳，为了挣钱不惜付出一切代价。然而，在这个过程中，你慢慢会发现：身体越来越不行了，与亲人的感情越来越淡漠了。尤其是身体，在长期高强度的劳作中，你身体的各个机能都受到了不同程度的损伤，终于有一天，你一病不起。在这个时候，你就会恍然大悟：钱财乃身外之物，身体才是根本，没有了身体，金山银山都没有任何意义。所以，“黄金未为贵，安乐值钱多”，这是作者看透世事世情后作出的总结。

那么，既然身体如此重要，是不是意味着为了保养身体，就不要去挣钱了呢？也不是的，这只是让你在健康和金钱两者之间作一个合理的安排，在保证身体健康的前提下去追求物质财富，而不是为了物质财富不惜牺牲健康，即所谓的“要钱不要命”。

二是在世上的所有行业中，最好的行业就是读书。这种说法是很有道理的，尤其是在中国古代，读书人可以参加科举考试，只要考中了，就可以从普通秀才变成天之骄子，享受荣华富贵。所以古人说：书中自有黄金屋，书中自有颜如玉。即只要把书读好，你就可以居住在黄金打造的屋子里，娶美貌的妻子与你过快活日子。在现代社会，读书仍然是十分重要的，一个没有大学文凭的年轻人，很难在社会上找到好的工作。只不过与古人相比，现代的读书人不能通过考试一步登天，这或许是其令人遗憾之处。

“世上万般皆下品，思量唯有读书高”的说法出自宋代汪洙（zhū）的《神童诗》：“天子重英豪，文章教尔曹。万般皆下品，唯有读书高。”把读书之所以有价值与“天子重英豪”即皇帝对读书重视相联系，是很有道理的。

三是要做善事，不要做恶事，因为做善事会使人感到快乐，做恶事则会受到惩罚。此类道理前面多有论及，在此就不展开说明了。

57 羊有跪乳之恩①，鸦有反哺之义②。你急他未急，人闲③心不闲。隐恶扬善④，执⑤其两端⑥。妻贤⑦夫祸少，子孝⑧父心宽⑨。

【注释】

①羊有跪乳之恩：指羊羔（gāo）跪着吃奶以报答母羊的恩情。 ②鸦有反哺之义：指雏（chú）乌长大后有衔食喂母的情谊。哺：喂食。义：情谊，相互关爱、帮助的感情。 ③闲：有空；没有事情做。 ④隐恶扬善：隐瞒他人的短处，宣扬他人的好处。 ⑤执：掌管。 ⑥两端：指事物的两头、两极。 ⑦贤：有品德或才能。 ⑧孝：孝顺，尽心奉养父母并顺从父母。 ⑨心宽：宽心；放心。

【译文】

羊羔跪着吃奶以报答母羊的恩情，雏乌长大后有衔食喂母的情谊。你着急时他不着急，人虽然闲着不做事，心里却在想着事情。隐瞒他人的短处，宣扬他人的好处，把握好正确和错误这两个方面。妻子贤惠，丈夫的灾祸就少；儿子孝顺，父亲就放心。

【导读＋图说】

本段主要包含以下三层意思：

一是人要有报恩之心。作者以羊羔和乌鸦的行为为例，认为连羊和乌鸦都知道报答母亲的养育之恩，作为人，怎么可以连禽兽都不如呢？羊羔“跪乳”，乌鸦“反哺”，这是存在于自然界中的特殊现象，古人认为这是“知礼”之举，这当然有牵强附会的成分，但是用来教育人们要有报恩之心还是有积极意义的。因为中国古代属于农业社会，生产力较为落后，因此长期奉行养儿防老的做法。然而，有一些不孝的儿女，父母辛辛苦苦把他们抚养成人，原指望老来有个依靠，没想到他们反而视父母为累赘（zhuì），恨不得他们早死。所以作者在此以动物为例，告诫人们千万不能连禽兽都不如。

▲ 慈乌图，选自明代的《食物本草》

二是做人要与人为善，尽量隐瞒他人不好的地方，而宣扬他人好的地方。这种做法表面上看似乎有些虚伪，事实上却是有积极意义的。清末名臣曾国藩曾经说过，对于小人，你不要直接斥之为小人，这样他就会以小人自居，做出各种无赖之事来；相反，如果你表扬他身上的优点，他就会以正人自居，不敢行无赖之举。因此，如果我们在日常生活中为他人隐恶扬善，这样生活中的善行就会越来越多，而恶行则会越来越少。

“隐恶扬善，执其两端”的说法出自《中庸》：“子曰：‘舜其大知也与？舜好问而好察迩（ěr）言，隐恶而扬善，执其两端，用其中于民。’”意思是：孔子说：“舜是一位高明的智者吧？舜喜欢询问

▲ 帝舜像

别人而又总是仔细地听取浅近的言论。隐藏其中不正确的东西，宣扬其中正确的东西，掌握其中正确和错误两个极端，而把其中最恰当的运用到民众中去。”因此，这里说的其实是儒家的中庸之道，即要把握事物中最恰当的度，而不要走极端。

三是强调了妻贤子孝的重要性。对于一家之长来说，妻子和子女是他最亲近的人，也是对他影响最大的人。如果妻子不贤惠，子女不孝顺，家庭关系就会混乱，家长就会有处理不完的麻烦事。当前中国社会官员腐败现象严重，其中一个重要的原因，就是一些官员的妻子不贤惠，贪财好利，使丈夫违心地去做违法犯罪之事；还有就是子女不孝顺，不能体谅父亲的苦衷，只求自己风光，只图眼前享受，横行不法，“坑爹”不厌，最后陷父亲于不仁不义之境。

58 既①堕②釜(fǔ)③甑(zèng)④，反顾⑤无益。已覆⑥之水，收之实难。人生知足⑦何时足，人老偷闲⑧且⑨是闲。处处绿杨堪⑩系马，家家有路通长安⑪。

【注释】

①既：已经。 ②堕：落；掉。

③釜：古代的一种炊事用具，相当

【译文】

已经落地摔破的釜甑，再回头去看它已经没

于现在的锅。 ④甑：古代蒸食物用的瓦制炊具。 ⑤反顾：回头看。 ⑥覆：倾倒。 ⑦知足：满足于已经得到的。足：满足；满意。 ⑧偷闲：挤出空闲的时间。 ⑨且：姑且；暂且。 ⑩堪：可以；能。 ⑪长安：中国古都之一，在今陕西西安市附近。后通常称国都为长安。

有什么用处。已经泼出去的水，很难再把它收回来。人生要知足，可是什么时候能真正知足呢；人老了以后，姑且挤出点时间自我清闲吧。到处都有绿色的杨树可用来拴马，每一家都有通往长安的道路。

【导读】

本段主要包含以下两层意思：

一是对于已成事实之事，就不要再白费功夫。“既堕釜甑，反顾无益”的说法出自《后汉书·郭太传附孟敏》：“（敏）客居太原，荷甑堕地，不顾而去。郭林宗（太）见而问其意。对曰：‘甑已破矣，视之何益？’”东汉时，孟敏旅居太原，曾经拿着一个甑外出，不小心把甑掉到地上摔破了，孟敏连看都不看一眼，继续往前走。郭林宗看见后，问他为什么要这么做。孟敏回答说：“甑已经破了，再看它还有什么用？”后用“堕甑”比喻事已过去，不必介意。

“已覆之水，收之实难”即成语“覆水难收”，所说意思与上述类似，可参见第30段的“导读”。

二是人似乎永远没有知足的时候，所以在人老了以后，一定要想方设法为自己挤出点空闲时间自娱自乐。虽然人人都知道知足常乐，但是因为人的欲望是没有止境的，所以真正能够知足的人少之又少。人不知足，就会有追求，从而使自己的生活处于忙碌（lù）之中。然而冷静下来想想，这样忙碌一生，又有什么意义呢？所以人老了以后，就要设法“偷闲”。不过，“人生知足何时足，人老偷闲且是闲”一句，想要表达的意思不是很清晰顺畅，以上只是努力从逻辑上加以梳理，未必就是作者想要表达的意思。至于下面一句“处处绿杨堪系马，家家有路通长安”，意思更是不够明晰，或许我们可以把它理解为作者为老人指出的“偷闲”之法，即不妨抽空骑马去长安城看一看，与现在鼓励老年人出去旅游类似。

59 见者易，学者难。莫①将②容易得，便作等闲③看。用心计较④般般⑤错，退步⑥思量⑦事事难。道路各别⑧，养家⑨一般⑩。

【注释】

①莫：不要。 ②将：把。 ③等闲：平常。 ④计较：打算比较。 ⑤般般：种种；样样；件件。 ⑥退步：向后走；后退。 ⑦思量：考虑。 ⑧各别：各不一样。 ⑨养家：赡（shàn）养家中之人。 ⑩一般：一样；同样。

【译文】

看上去容易，学起来却很难。不要因为容易得到，便把它看得很平常。花心思去斤斤计较就会每件事都处理不好，退后一步考虑便会发现其实所有事情都很难。方法各有不同，但是养家糊口的目的是相同的。

【导读】

本段主要包含以下两层意思：

一是不要因为东西得来容易就不加珍惜。人们通常对来之不易的东西会十分珍惜，比如好不容易争得的名次，费尽心力追到的恋人，省吃俭用买来的房子，等等。而对容易得到的东西便会不加珍惜，比如日常生活中的普通必需品，路旁随处可见的草木，大自然慷慨赐予的空气、水等等。然而，有的东西虽然容易得到，我们却不能不珍惜，比如父母的关爱，兄弟间的友情，还有空气、水等自然资源，等等。所以作者说："莫将容易得，便作等闲看。"当然，作者说此话还有另一层原因，就是"见者易，学者难"，即有的技能看上去很容易，但真正要学到手却并不容易。以佛教和道教的打坐修炼为例，只要盘腿一坐，两眼一眯（mī），双手一合，就是打坐了，似乎十分容易。但是真想学会，却并不容易，因为其中包括身体姿势的调整，呼吸的调整，意念的调整。尤其是意念的调整，要真正做到打坐时一念不起，没有长期的坚持，是不可能做到的。

二是做事情不要斤斤计较。斤斤计较的目的，无非是希望自己少吃些亏而多占些便宜，因此，这种想法本身就是错误的。因为你退一步想想，你吃亏少了，占便宜多了，别人就会吃亏，而别人事实上也不容易，他也与你一样，要养家糊口："道路各别，养家一般。"所以，假如你设身处地，站在别人的角度想一想，你就会心平气和，将计较得失之心自然打消了。"退步思量事事难"一句，有的本子作"退步思量事事宽"，有退一步海阔天空的意思。具体文字不同，但总的思想主旨还是一样的。

60 从俭①入②奢③易，从奢入俭难。知音④说与知音听，不是知音莫⑤与谈。点石化为金⑥，人心犹⑦未足。信⑧了肚，卖了屋。他人睍（xiàn）睍⑨不涉⑩你目，他人碌（lù）碌⑪不涉你足。

【注释】

①俭：节省；不浪费。 ②入：到；至。 ③奢：奢侈，挥霍财物，过分追求享受。 ④知音：指真正

【译文】

从节俭变成奢侈很容易，从奢侈变成节俭就很难。知心的话要说给真

了解自己的人。 ⑤莫：不要。 ⑥点石化为金：神话故事中说仙人用手指头一点石头就可以变成金子，比喻把不好的或平凡的事物改变成很好的事物。 ⑦犹：还；尚且。 ⑧信：听任。 ⑨觊觎：怯懦（nuò）、不敢正视的样子。有的本子作“观花”。 ⑩涉：涉及；关联。 ⑪碌碌：繁忙劳苦的样子。

正了解自己的人听，不是真正了解自己的人就不要跟他说。即使能把石头点化成为金子，人心仍然不会知足。满足了肚子的欲望，结果卖掉了房子。别人在那里偷偷地看，不会影响你看东西；别人在那里忙忙碌碌，不会影响你走路。

【导读＋图说】

本段包含以下四层意思：

一是生活上不要奢侈浪费，要坚持勤俭节约。为什么呢？除了节俭是一种传统美德，还因为如果你不能保持节俭，一旦习惯了奢侈浪费，就很难再做到节俭了，因为“从俭入奢易，从奢入俭难”。此话出自宋代司马光的《训俭示康》：“顾人之常情，由俭入奢易，由奢入俭难。”一个过惯了苦日子的人，你让他享受荣华富贵，他很快就能适应；但是，一个享受惯了荣华富贵的人，你让他去过苦日子，他就会痛苦之极。然而，每个人都无法保证自

▲ 司马光像

己一辈子都能享受荣华富贵，所以，最可靠的做法，还是保持节俭的习惯。

二是知心话要说给知音听，不是知音就不要跟他说知心话。因为跟不是知音的人说知心话，会有两种可能：或者他根本不理解你在说什么，说了等于白说；或者他会把你的心里话四处传播，弄得满城风雨。《论语·卫灵公》中载："子曰：'可与言而不与之言，失人；不可与言而与之言，失言。'"意思是：孔子说："可以跟他讲而不跟他讲，这是错失了能给自己带来帮助的人；不可以跟他讲而跟他讲，就是说了不该说的话。"换一种说法，就是遇到知音而不跟他说真心话，会失去知音；不是知音而跟他讲真心话，这是说了不该说的话。这一原则，可以作为我们生活中的座右铭。

三是人的欲望是无穷的，人心没有知足的时候，即使你有点石成金的本领，你还是会感到不满足。翻看中国历史，我们常常会发现那些野心家，已经位高权重，甚至已经是一人之下、万人之上的权臣了，却仍要设法推翻最高统治者，如西汉末年的王莽、东汉末年的董卓、三国时的司马昭等，都是人心不知足的明证。"信了肚，卖了屋"，则是用具体的例子来证明人心不知足。因为肚子总是想吃好东西，熊掌鲍鱼，飞禽走兽，这些都是肚子最想吃的，如果你想彻底满足肚子的欲望，那么，即使你把居住的房子卖了，也无济于事。

四是人要专心于自己正在做的事情，不要受别人的影响。"他人觊觊""他人碌碌"，这都是别人的事，你该看什么还是看什么，该走什么路还是走什么路。不过，此话说起来容易，但要真正做到却极为不易。因为人都有从众心理，看到别人当公务员很风光，你也会想去当公务员；看到别人买房子发了财，你也会急着去抢房子；看到别人依靠收藏文玩赚了大钱，你也想去弄几件文玩；……这样的结果，就是你永远赶不上趟，永远跟在别人屁股后头转，当然也会永远在那里倒霉。所以，聪明人往往是独辟蹊（xī）径，而且选准了目标后就持之以恒，不为外力所动，让别人跟在自己屁股后头转，而不是相反。

61 谁人不爱①子孙贤②，谁人不爱千钟粟③，奈④五行⑤不是这般⑥题目⑦。莫⑧把真心空计较⑨，儿孙自有儿孙福。与人不和，劝人养鹅；与人不睦⑩，劝人架屋⑪。但⑫行⑬好事，莫问前程⑭。

【注释】

①爱：喜欢；爱好。 ②贤：有品德或才能。 ③千钟粟：指优厚的俸禄（fènglù）。钟：古代容量单位，一钟合八斛（hú）、十斛等。 ④奈：无奈；怎奈。 ⑤五行：指命运。我国古代星相家运用金、木、水、火、土五种基本元素间的相生相克来推算人一生的命运，故称。 ⑥这般：这样。 ⑦题目：命相，旧时指生辰八字、生肖等。 ⑧莫：不要。 ⑨计较：打算。 ⑩睦：关系和好；亲近。 ⑪架屋：造房子。架：构筑。 ⑫但：只。 ⑬行：做；办。 ⑭前程：前途。

【译文】

谁不喜欢自己的子孙贤能，谁不喜欢优厚的俸禄，无奈命运中没有这些东西。不要把自己的一片真心空自打算，儿孙自然有他们自己的福分。与他人有矛盾的人，就劝他去养鹅；与他人不和睦的人，就劝他去造房子。只管一心去做好事，不要考虑前途如何。

【导读】

本段包含以下三层意思：

一是人人都希望享受富贵，人人都希望子孙有出息，但这些都是命中注定的,人力无法改变。这种思想,在前面多有表述,如第49段中说:“死生有命,富贵在天。”这当然是一种消极的人生观,可参看该段的“导读”。

二是作为家长,不要过多地为儿孙的前途操心,因为“儿孙自有儿孙福”。这种观点,在第32段中也有类似的表达:“儿孙自有儿孙福,莫为儿孙作马牛。”可参看该段的“导读”。

三是要多做与人为善的事。比如有人与别人有矛盾,就劝他去养鹅;有人与别人不和睦,就劝他去建房子。劝与人不睦的人去建房子,有人说是因为从前建房子通常会请邻里帮忙,因此通过建房子会让他认识到邻里和睦的重要性,这似乎还说得通。那么为什么要劝与他人有矛盾的人去养鹅呢?有人说,因为鹅群中的鹅吵闹会使你感到吵闹是一件多么令人头疼的事,从而就不再与他人发生矛盾;有人说,因为鹅既是家禽,还是看门之物,有吉祥之义。这两种解释都显得十分牵强。那么真正的原因是什么呢?看来在此只好暂时存疑了。

62 河狭水急①,人急②计③生。明知山有虎,莫④向虎山行。路不行不到,事不为⑤不成。人不劝⑥不善,钟不打不鸣⑦。

【注释】

①急:快速而且猛烈。有的本子作“激”。 ②急:紧迫重要的事情。

③计:策略;主意。

④莫:不要。有的本子作

【译文】

河道狭窄水流就湍(tuān)急,人在紧急情况面前就会想出好主意。明明知道山中有老虎,就不要再去山中行走。路不去走就不会到某个目的地,事情不去做就不可

“偏”。⑤为：做。⑥劝：鼓励；勉励。⑦鸣：发出声音。

能成功。人不去鼓励他就不会善良，钟不去敲它就不会发出声音。

【导读+图说】

本段主要包含以下两层意思：

一是人在面临紧急情况时容易想出好的主意。人的大脑多少有些惰性，就是喜欢安静，不喜欢想问题，这一点，只要看看有不少学生不喜欢做作业就明白了。但是，人的大脑又是一个富于潜在创造力的智库，这种潜在的创造力必须在某种力量的刺激下才能发挥出来，比如用意志强迫它去思考问题，比如在面临某种必须应对的紧急局面时。有一个成语叫“急中生智”，与“人急计生”的意思相同，指的就是人在紧急情况下能想出好的应对办法。

二是人必须按理智行事。老虎会吃人，因此，当你知道山中有老虎时，就不要再去山中行走了，否则会白白送掉性命。然而，这只是问题的一个方面，因为在这个问题上，人们熟悉的还有两句话：“明知山有虎，偏向虎山行”，“不入虎穴，焉得虎子”。人是有创造性的动物，人是在不断与自然环境、与各种野生动物的斗争中一路走来的，因此，虽

▲ 赵武灵王身穿胡服像，古代版画

然前面有危险，但是为了达到某种目的，人类还是需要去应对这种危险。所谓“路不行不到，事不为不成”，说的都是人应该发挥主观能动性，积极地去做事情。战国时期，赵国国君赵武灵王在与北部游牧民族的战争中，发现游牧民族骑在马上打仗，服装简练，与中原民族依靠马车或步兵作战、战士身披重甲相比，有很大的优势，于是决定实行胡服骑射的国策。然而，当时的中原民族以先进民族自居，看不起少数民族，让他们放弃中原民族的习惯，去向少数民族学习，这在当时人看来是极其荒唐的事情。因此，赵武灵王的建议一提出，立即招来众人的一致反对。但是赵武灵王并不气馁(něi)，他找来那些王公大臣，一个一个地做说服工作，耐心细致地向他们摆事实，讲道理，终于说服了国人，同时也使赵国成为当时实力雄厚的国家。

63 无钱方①断酒②，临老始③看经④。点塔七层⑤，不如暗处一灯。万事劝人休⑥瞒昧⑦，举头三尺有神明⑧。但⑨存方寸⑩地，留与子孙耕。灭却⑪心头火，剔(tī)⑫起佛前灯。惺(xīng)惺⑬常不足⑭，蒙蒙⑮作公卿⑯。众星朗朗⑰，不如孤月独明。兄弟相害，不如友生⑱。

【注释】

①方：才。　②断酒：戒酒。　③始：才。　④经：经典，传统的具有权威性的著作。　⑤点塔七层：指把七层高的塔都点

【译文】

没有了钱才戒酒，到年纪老了才开始读经典。把七层高的塔都点上灯，还不如给黑暗的地方点上一盏灯。

上灯。 ⑥休:不要。 ⑦瞒昧:隐瞒欺骗。 ⑧神明:天地间一切神灵的总称。 ⑨但:只要。 ⑩方寸:一寸见方。比喻不大、很小。 ⑪灭却:熄掉;消除。 ⑫剔:挑出;挑亮。 ⑬惺惺:聪明机灵。 ⑭不足:指不如意、不得志。一说指不多,一说指不满足。 ⑮蒙蒙:蒙昧;昏昧。 ⑯公卿:泛指高官。 ⑰朗朗:形容明亮。 ⑱友生:朋友。

奉劝人在所有事情上都不要隐瞒欺骗,因为抬起头来三尺高的地方就有神灵。只求保存一片小小的土地,能留给子孙耕种。熄灭心头的火气,挑亮佛像前的油灯。聪明机灵的人常常不得志,昏庸无能的人却能当高官。天上众多的星星光芒闪烁,比不上一个月亮发出的光明亮。兄弟之间如果互相伤害,那还不如朋友关系。

【导读+图说】

本段主要包含以下四层意思:

一是做事要有前瞻性,不要事到临头才采取措施。酷爱喝酒的人常常把大量的金钱花在喝酒上,等到某一天把钱花光了,这才想到要戒酒,这就太晚了,因为你已经没有钱了,不光再也没有钱来买酒,连吃饭穿衣的钱都没有了。同样,学习经典也要趁早,这样经典中说的道理才能更好地指导你的生活;如果你一直等到年老时才来读经典,就会给你带来莫大的后悔,后悔自己要是早读这些经典就好了,就不会走如此多的弯路了。

二是锦上添花不如雪中送炭。把七层高的佛塔都点上灯,灯火辉煌,固然十分好看,但不如在黑暗的地方点上一盏灯供人们照明。此话当然很对,但是世人更愿意做的往往是锦上添花之事,因为此类事情能造成很大的影响,能给你带来很大的名声。而像在暗处点上一盏灯那样的事,虽然极为有用,但因为知道的人有限,当然也带不来多大的名声,所以许多人都不愿去做。此正如

《老子》第七十七章中所说：“天之道损有余以补不足；人之道则不然，损不足以奉有余。”即自然的规律是减少多余的弥补不足的，社会的法则则是减少不足的而供养有余的。虽然如此，我们还是要呼吁人们多做损有余补不足之事，多做雪中送炭之事。

三是做事情要光明正大，不要搞阴谋诡计，不要做隐瞒欺骗之事。为什么呢？因为“举头三尺有神明”，抬起头来三尺高的地方就有神灵在监视着你。这是借助神灵的力量来劝人不要做坏事。这当然是一种迷信的观点，但出发点是很好的，在中国古代社会起到的效果也不错。当今中国假冒伪劣产品盛行，如果这些制假售假者能有某种敬畏之心，当能收敛不少。

四是指出了长期存在于社会中的一种怪现象：聪明人常常不得志，愚昧昏庸的人却一帆风顺，左右逢源，甚至身居三公高位。关于其中的原因，苏东坡认为是“聪明反被聪明误”，即聪明人因为聪明而吃亏。苏东坡聪明过人，却在仕途中屡遭挫折，故他在《洗儿》一诗中写道：“人皆养子望聪明，我被聪明误一生。”对此，《西湖二集》卷四中说：“苏东坡晓得一生吃亏在聪明二字，所以有感作这首诗，然与其聪明反被聪明误，不如做个愚蠢之人，一生无灾无

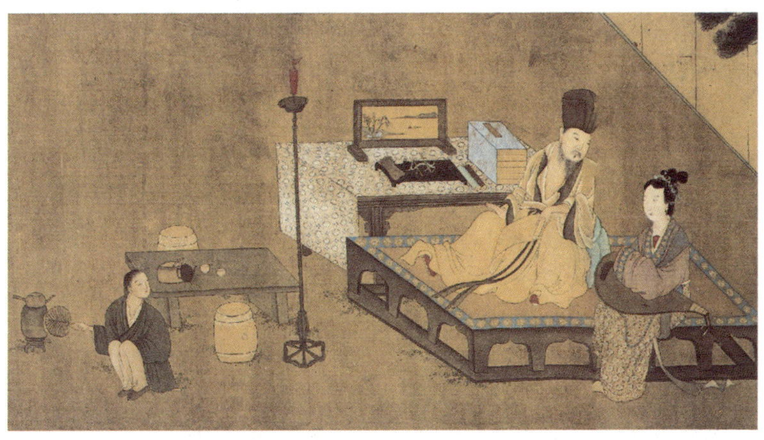

▲ 苏东坡寒夜赋诗图，明代仇英绘

难，安安稳稳，做到九棘三槐，极品垂朝，何等快活，何等自在！”后以“聪明反被聪明误”指想要小聪明，结果反而坑了自己。不过，说聪明人不得志的原因是被聪明误，这只是问题的一个方面，关键还在于社会的体制不合理。试想一下，如果聪明人都被边缘化，国家大事都由愚昧昏庸的人说了算，那老百姓还有好日子过吗？

64 合理可作，小利莫①争。牡丹花好空入目②，枣花虽小结实③成。欺④老莫欺少，欺人心不明。随分⑤耕锄收地利⑥，他⑦时饱暖谢苍天⑧。

【注释】

①莫：不要。 ②空入目：指只能供人观赏。 ③实：果实。 ④欺：欺负；侮辱。 ⑤随分：依据本性。这里指根据农时的变化。 ⑥地利：对农业生产有利的土地条件。 ⑦他：其他的；另外的。 ⑧苍天：天。古代认为苍天是主宰人生的神。

【译文】

符合道理的事情可以去做，蝇头小利不要去争。牡丹花虽然美丽，但只能供人观赏；枣花虽然很小，却能结成果实。宁可欺负老人也不要欺负年少的人，欺负别人的人是糊涂人。根据农时的变化耕种土地以收获农产品，等到你吃饱穿暖的时候要感谢苍天。

【导读＋图说】

本段包含以下四层意思：

一是要做符合道理的事情，不要去争小利。这个道理人人都懂，却不是人人都能遵行。因为追求利益是人们行为的重要动机，而合理之事未必有利，当事理与利益发生冲突的时候，不同的人

▲ 牡丹花图，清代恽（yùn）寿平绘

便会有不同的选择。另外，小利也是利，既然如此，要人们不去争小利，也非易事。

二是好看的未必实用，实用的未必好看。正如牡丹花好看但结不出果实，枣花虽然很小却能结枣。万物有其各自的特点，关键在于人们的取舍。我们不能因为牡丹花不会结果而抛弃它，也不能因为枣花不好看而砍掉枣树。在供游人观赏的公园里，人们会选择牡丹花而不要枣树，然而在农民的院子里，却会选择种枣树而不种牡丹。当然，"牡丹花好空入目"还有另一层意思，就是看事物不能光凭表面现象，在现实生活中，有的人话说得很漂亮，但在真正做事的时候，却做得很差，这种"中看不中用"的人当然是人人讨厌的。

三是不要欺负少年人，宁可欺负老年人也不要欺负少年人，即所谓"欺老莫欺少"。以往的诸多本子在解释此句时，往往回避"欺老"二字，这样做貌似合理，其实却忽视了现实生活中非常值得我们注意的一种现象。在现实生活中，当老年人和年轻人发生冲突的时候，即使年轻人很有理，人们也会偏袒（tǎn）老年人；或者某些单位中的领导，对年纪大一些的人很尊敬，但对年轻人则颐指气使，不放在眼里。当人们这么做的时候，通常会有这么一种错误的观念：一个小年轻，无权无势，不“欺负”你“欺负”谁。然而，年轻人也会变老，也有可能从无权无势变得有权有势，因此，当一个曾经被你任意欺负的年轻人，某一天掌握了重要的权力，你将会是一个什么下场，也就可想而知了。大家都知道“胯（kuà）下之辱”这个成语吧，据《史记·淮阴侯列传》载，韩信是楚汉相争时的著名将领，为汉朝的建立立下了汗马功劳。但韩信少年时家里穷，别人都瞧不起他。一次，有人侮辱他，说：如果你不怕死，就用手中的剑来刺我；如果怕死，就从我胯下钻过去。韩信竟然俯下身子，从那个人的胯下钻了过去。于是，人人都讥笑韩信胆小。然而，汉朝建立后，韩信被封为楚王，此时他若要惩罚那个侮辱他的人还不是易如反掌？虽然韩信后来并没有惩罚那个侮辱过他的人，但那完全是因为韩信为人大度。而老年人就不同，他是什么样就什么样了，他不可能像韩信那样由一个穷人变成一方诸侯，因此，如果非要让你在“欺老”和“欺少”之间作出抉择，就宁可“欺老”也不要“欺少”。当然，在

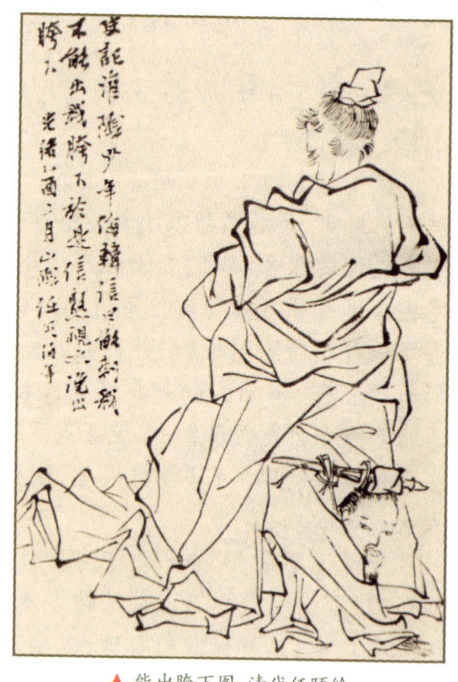

▲ 能出胯下图，清代任颐绘

此只是作一种假设，并不是鼓励人们去欺负老人，因为无论"欺老"还是"欺少"，都是不对的。

四是人们在吃饱穿暖时千万别忘了感谢老天爷。中国古代社会是农业社会，吃的粮食，穿的棉布，都是通过种地获得的。而种地则严重依赖气候条件，风调雨顺，作物就能丰收；干旱涝灾，农产品就有可能绝收。加上古人又认为天是一位有意志的神，称之为老天爷，所以年年都会祭祀（jìsì）苍天，希望能获得老天爷的保佑（yòu）。

65 得①忍且②忍，得耐③且耐；不忍不耐，小事成大。相论④逞⑤英雄，家计⑥渐渐退⑦。贤⑧妇⑨令⑩夫贵，恶妇令夫败。

【注释】

①得：能够。 ②且：就。 ③耐：承受得住。 ④相论：互相谈论。 ⑤逞：显示。 ⑥家计：家产；家财。 ⑦退：减退或消失。 ⑧贤：有品德或才能。 ⑨妇：妻子。 ⑩令：使；让。

【译文】

能忍让时就忍让，该承受时就承受；不忍让也不愿承受，小事情就会演变成大事情。在一起谈论时逞强好胜，显示自己是个英雄，家产就会越来越少。贤惠的妻子能使丈夫显贵，恶劣的妻子会使丈夫倒霉。

【导读＋图说】

本段包含以下三层意思：

一是人要学会忍耐。生活中经常会发生一些不如意的事情，如果一不如意你就发作，那你就会整天处于生气的状态。尤其是

▲ 松下著(zhuó)履图,描绘了张良忍着气为一位老人穿鞋的情形。明代蒋嵩绘

有的不如意之事你是必须忍耐的,如领导对你的批评,竞争对手的故意挑衅(xìn),长辈对你的埋怨责怪,等等。对这些事如果你“不忍不耐”,领导批评你,你对领导恶语相向;竞争对手向你挑衅,你就立即应战;长辈埋怨你几句,你对长辈大吼大叫;这样,就很有可能使事情向恶性的方向发展。历史上有不少名人都是因为懂得忍耐,才最终走向成功的。如张良曾忍气为一位陌生老者捡鞋穿鞋,韩信曾受胯(kuà)下之辱,光武帝刘秀的哥哥被冤杀,他强忍着不表达哀痛,等等。相反,那些不能忍一时之气的人,则常常成为失败者。所以,大到争夺天下,小到家庭琐(suǒ)事,都需要我们学会忍耐。

二是做人要低调,不要到处吹牛、逞英雄。虽说“吹牛不上税”,但仍是要付出代价的。比如说你吹自己家里如何有钱,吹自己为人如何慷慨,那你就得拿出实际行动来:在朋友聚会时,你就得做东;当朋友有困难时,你必须有求必应;花小钱能办成的事,你就得出大钱把它办得更风光。这样久而久之,再大的家业也会被你折腾光。所以说“相论逞英雄,家计渐渐退”,为了逞一时的口舌之利,图一时的嘴头之快,搭上祖宗辛辛苦苦积攒(zǎn)下来的家业,实在是太不值得了。

三是强调了妻子贤惠的重要性。贤惠的妻子顾大局，识大体，懂得为丈夫分忧，鼓励丈夫走正道，因此，丈夫容易在事业上获得成功。恶劣的妻子则只顾眼前利益，贪图一时之快，怂恿（sǒngyǒng）丈夫做损人利己之事，这样丈夫迟早都会出事。秦桧（huì）的妻子王夫人撺掇（cuānduo）秦桧杀死岳飞，使秦桧成为千古罪人，就是明显的例子。

66 一人有庆①，兆民②咸③赖④。人老心未老，人穷⑤志不穷⑥。人无千日好，花无百日红。杀人可恕⑦，情理⑧难容⑨。

【注释】

①庆：善；善事。 ②兆民：古代天子之民，后泛指众民、百姓。 ③咸：都。 ④赖：得益；受益。 ⑤穷：贫困。 ⑥穷：尽；完。 ⑦恕：宽容；原谅。 ⑧情理：人的常情和事情的一般道理。 ⑨容：容忍；原谅。

【译文】

一个人做了好事，所有民众都会从中得到好处。人虽然老了，但是心态还没有老；人虽然贫困，但是志向没有丧失。人不可能连续一千天都很顺利，花不可能连续一百天都很红艳。杀人之罪有时候可以饶恕，违背情理的事情则难以容忍。

【导读＋图说】

本段包含以下三层意思：

一是当权者应该做有益于人民的事。因为当权者手握大权，影响巨大，他的一举一动都会影响民众的幸福。“一人有庆，兆民咸赖”出自《尚书·吕刑》：“惟敬五刑，以成三德。一人有庆，兆民赖之。其宁惟永。”意思是：周朝的天子告诫臣下，一定要严格遵守法律，成就道德，因为一个人做了好事，亿万臣民都会得到好处，这样国家也就会长治久安。当然，这里的“一人”，指的是统治者，而非普通民众。

二是人的志向、追求不要被外界环境或客观条件所左右。一个人进入老年，通常会变得没有追求，只想着安度晚年，作者则认为，应该“人老心未老”：人可以变老，但志向和追求不应变老，而应仍然保持年轻时的状态。《论语·述而》中的一则记载很有启发意义：“叶公问孔子于子路，子路不对。子曰：‘女奚(xī)不曰：其为人也，发愤忘食，乐以忘忧，不知老之将至云尔。’”叶公问子路孔子是一个什么样的人，子路没有回答。孔子说：“你为什么不说：这个人啊，发愤学习时忘了吃饭，经常快乐得忘掉忧愁，不知道自己将要进入老年，如此等等。”孔子是这样说的，也是这样做的。孔子到了晚年，除了教授学生，还从事中国古代文化的整理工作，据传他曾删定《诗经》，撰述《春秋》，写作《易传》，为中国文化的发展作出了重要的贡献。

▲ 删述六经图，描绘了孔子编写《春秋》《易传》等六经的情形。选自明代仇英的《圣迹图》

一个人的志向除了不要因年老而丧失，还不要因为处境困难而改变，而应该“人穷志不穷”。因为人的处境总是处于不断的变化之中，有时候顺利，有时候不顺，这都是正常现象，正如“花无百日红”，人也“无千日好”，如果自己的志向随着处境而变化，那你就有可能变成一个小人。因为孔子曾经说过："君子固穷，小人穷斯滥矣。"（《论语·卫灵公》）即君子在面临困窘（jiǒng）的时候，仍然会坚守原则；小人在面临困窘的时候，就会胡作非为。所以能否做到"人穷志不穷"，同时也是区别君子和小人的一个重要标准。

三是不管做任何事情，都要符合情理，因为"杀人可恕，情理难容"。连杀人的事情有时候都可以饶恕，但违背情理的事情则绝不能宽容，可见古人把情理即做事符合人之常情和事情的一般道理看得极其重要。至于其中的原因，是因为古人把天理看作最高的准则，法律也是根据天理制定出来的，所以即使是杀人之事，只要它符合天理，便是可以宽恕的；相反，违背情理，尤其是违背天理之事，因为与人类的根本准则相冲突，所以没有任何被宽恕、原谅的可能。

67 乍①富不知新受用②，骤③贫难改旧家风④。座中客常满，杯中酒不空。屋漏更⑤遭连夜⑥雨，行船又遇打头风⑦。笋因落箨（tuò）⑧方⑨成竹，鱼为奔波始化龙⑩。记得少年骑竹马⑪，看看又是白头翁⑫。

【注释】

①乍：突然；忽然。 ②受用：享受；享用。 ③骤：突然。 ④家风：家庭或家族的传统风尚或作风。 ⑤更：再；又。 ⑥连夜：连接几夜。 ⑦打头风：逆风；

【译文】

突然富起来的人不知道如何享受新的生活，一下子变穷的人难以改变旧时的生活方式。座位中常常坐满客人，酒杯中的酒没有断过。屋顶漏的时候又遭遇几天几夜连续不迎面刮来的风。⑧箨:竹笋外面的皮。⑨方:才。⑩鱼为奔波始化龙:指鱼因为通过长距离游动跃过龙门才成为龙。为:因为。⑪竹马:儿童游戏时当马骑的竹竿。⑫白头翁:白发老人。

断的雨,行驶的船又遇到迎面刮来的大风。竹笋因为外面的皮脱落才变成竹子,鱼因为通过长距离游动跃过龙门才变化成龙。还记得少年时骑着竹马玩耍,转眼间却变成了白发老人。

【导读+图说】

本段包含以下四层意思:

一是人的生活方式具有相对的稳定性,即使很快由穷变富或一下子由富变穷,原来的生活方式都会保持一段时间。一个突然间由穷变富的人保持原来贫穷时的生活方式,这是好事,会被人们赞为不忘本,富而不骄;一个突然间由富变穷的人仍保持原来奢侈的生活方式则会受到人们的指责。好比一个富家子弟,突然间身无分文,却仍要摆谱,仍要维持“座中客常满,杯中酒不空”的状态,这只能让他债台高筑,永无东山再起的机会。

二是人在倒霉的时候,有时候会碰上倒霉之事接踵(zhǒng)而至的情况,即所谓“屋漏更遭连夜雨,行船又遇打头风”,这在一般的人,便会自认命苦,从此灰心丧气,一蹶(jué)不振;而对于那些意志坚强的人来说,则会把它看作考验自己、磨炼自己的机会。春秋末年,孔子为了实现自己的治国理想,周游列国,长达十几年的时间。在这十几年中,他曾在匡地被人围困,在陈国断绝了粮食,又遭受过不少当权人物的冷遇,遭遇不可谓不惨,经历不可谓不坎坷。然而,孔子却从未因此改变过自己的信念,而是始终坚持自己的做人原则,并保持乐观的心态。此种修养素质,确实是普通人难以企及的。

三是任何事情想要取得成功都有一个过程,都需要付出艰苦

▲ 孔夫子周游列国图，绘于清代

的努力，正如竹笋要变成竹子需要脱去外面的皮，鱼想成为龙要经历长距离的奔波。“鱼为奔波始化龙”一句，说的是鲤鱼跳龙门后变化成龙的故事，与第23段“池养化龙鱼”中“化龙鱼”的意思相同，可参见该节的“导读”。

四是慨叹光阴似箭，人生短暂。好像昨天还是一个小孩，骑着竹马与小伙伴们一起玩耍，今天却变成了一个满头白发的老人。类似的句子在前面经常出现，如第32段中说：“白发不随老人去，看来又是白头翁”。可参看该段的“导读”。

68 礼义①生②于富足③，盗贼出于贫穷。天上众星皆拱北④，世间无水⑤不朝东。君子⑥安贫⑦，达人⑧知命⑨。

【注释】

①礼义：同“礼仪”，指礼节和仪式。

【译文】

因为财物丰富充

②生：产生。 ③富足：财物丰富充足。 ④拱北：指环绕着北极星。拱：环绕；环抱。北：指北极星。 ⑤水：指河流。 ⑥君子：指人格高尚的人。 ⑦安贫：安于贫穷的境遇。 ⑧达人：通达事理、乐观豁（huò）达的人。 ⑨知命：懂得事物的生灭变化都由天命决定的道理。

足，从而产生了礼义；由于贫穷，所以有了盗贼。天上的所有星星都环绕着北极星，世间的所有河流都向东奔流。君子安于贫穷的境遇，豁达的人知道一切均由命运决定。

【导读＋图说】

本段包含以下三层意思：

一是世间之所以会产生礼节和仪式，之所以会有盗贼，都与物质财富有关。当人们拥有充足的物质财富时，就会产生礼义，因为礼义可以保证物质财富的合理使用，可以让人们的生活更为丰富，更上档次。相反，当物质财富匮（kuì）乏时，一些人为了解决温饱问题，便会被迫铤（tǐng）而走险，成为盗贼。所以，只要社会上财富充足，分配公平，人人都不用为温饱发愁，就会使盗贼绝迹，人人讲求礼义。从根本上说，这种观点是很有道理的，符合社会生活的内在规律。当然，这种观点也存在漏洞，因为有的盗贼之所以要去偷盗，并不是因为贫穷，而是因为贪婪（lán），是想得到更多更好的东西，过上更奢侈的生活。

二是揭示了存在于自然界中的两个规律：天上的所有星星都环绕着北极星，地上的所有河流都向东奔流。“天上众星皆拱北”一句，出自《论语·为政》：“子曰：‘为政以德，譬如北辰，居其所而众星共（即“拱”）之。’”意思是：孔子说：“用道德来治理国家，就好像北极星一样，处在自己的位置上，别的星辰都环绕着它。”因此，孔子是通过天上众星环绕北极星的事实，来宣传他的德治思想，认为德治就像北极星一样，是治理国家的根本原则，其他的所

▲ 归去来辞图(之一),描绘了陶渊明的隐居生活。清代王蓍(shī)绘

有治国思想都是围绕这一原则而展开的。

三是说明了君子和通达之人的处世原则:君子安贫乐道,达人知道一切由天命决定。君子因为安贫乐道,所以不会为世俗的利益改变志向,不会去做苟且之事;达人因为深信一切都由命运决定,所以随遇而安,不固执,不计较,以豁达的态度对待生活中发生的一切。如陶渊明在《归去来兮辞》中说:“富贵非吾愿,帝乡不可期。怀良辰以孤往,或植杖而耘耔(yúnzǐ)。登东皋(gāo)而舒啸(xiào),临清流而赋诗。聊乘化以归尽,乐乎天命复奚(xī)疑!”意即荣华富贵不是我的愿望,仙境又不可预期。留恋这大好的时光而独自前往,或者把手杖插在地上而锄草培苗。登上东面的高冈放声长啸,来到清澈(chè)的溪流旁创作诗篇。姑且顺应自然的变化而走到生命的尽头,快乐地接受天命的安排又有什么疑虑!达人的这种生活态度无疑是值得我们赞赏的,但是他们把这种生活态度建立在神秘的天命的基础上,则是我们不能认同的。

69 良药苦口利于病，忠言逆耳[①]利于行。顺天[②]者存，逆[③]天者亡。人为财死，鸟为食亡。夫妻相合好[④]，琴瑟（sè）[⑤]与笙簧（shēnghuáng）[⑥]。

【注释】

①忠言逆耳：正直的劝告听起来不顺耳。 ②天：迷信的人指宇宙中万物的主宰者。也指自然界。 ③逆：抵触；不顺从。 ④合好：和好。 ⑤琴瑟：琴和瑟，两种弹奏的乐器，比喻夫妻感情和谐。 ⑥笙簧：指笙，管乐器，由若干根装在一个锅形座子上的竹管组成，其中一根为吹气管，其他的竹管里装有簧片，用口吹奏。簧：乐器中的发声薄片。

【译文】

好药吃起来很苦，但有利于治病；正直的劝告听起来不顺耳，但有利于处世行事。顺从天意的就生存，违背天意的就灭亡。人为谋取财物而死，鸟为谋取食物而亡。夫妻关系和睦，就像琴瑟和笙发出和谐的声音一样。

【导读＋图说】

本段主要包含以下四层意思：

一是正直的劝告往往听上去不那么好听，有时甚至会让人极不舒服，但你不要因此而拒绝，因为正如能治病的好药往往会很苦一样，这种听上去刺耳的话恰恰有利于你处世行事。在现实生活中，几乎所有的人都喜欢听好话，喜欢听称赞、夸奖的话，但这样的话听多了，会让你飘飘然，让你忘乎所以，从而看不到自己的缺点，这样长此以往，你当然就无法进步了。相反，正直的劝告往往是针对你言行中的某些错误或思想认识上的某些误区而发，因此，听上去极易让人感觉不舒服。对于这些让人听着不舒服的劝告，有人采取拒绝、甚至惩罚劝告者的做法。如商朝末年，商纣

(zhòu)王荒淫无道，王子比干劝他改正错误的做法，他竟然残忍地把比干杀害了。也有人虚心地接受劝告，如唐太宗时，大臣魏征多次不留情面地指出唐太宗政策上的一些错误，唐太宗不但没有因此责怪魏征，反而称赞他做得对。结果怎么样呢？大家都知道，商纣王因为听不进劝告而导致商朝灭亡，唐太宗则因虚心纳谏(jiàn)而留下了千古美名。

▲ 唐太宗纳谏图，题徐仲和临阎立本画

“良药苦口利于病，忠言逆耳利于行”一句出自《孔子家语·六本》：“孔子曰：‘良药苦于口而利于病，忠言逆于耳而利于行。汤武以谔(è)谔而昌，桀(jié)纣以唯唯而亡。’”意思是：孔子说：“良药苦口利于病，忠言逆耳利于行。商汤和周武王因为能听取正直的劝谏而昌盛，夏桀和商纣因为只听随声附和的话而国破身亡。”

二是顺应历史潮流的事物能生存发展，违背历史潮流的事物必然归于消亡，即所谓“顺天者存，逆天者亡”。“顺天者存，逆天者亡”一句出自《孟子·离娄上》：“孟子曰：‘天下有道，小德役大德，小贤役大贤；天下无道，小役大，弱役强。斯二者，天也。顺天者存，逆天者亡。’”意思是：孟子说：“天下政治清明的时候，道德水平不高的人被道德水平高的人所役使，不太贤能的人被十分贤能的人所役使；天下政治黑暗的时候，力量小的被力量大的所役使，弱的为强的所役使。这两种情况，都是由天决定的。顺从天的就生存，违背天的就灭亡。”孟子所说是十分有道理的，在一个大一统的国度里，需要的是秩序井然，民众安居乐业，因此此时可实施以德治国，让道德水平高的人担任统治者。而在一个充满竞争的世界里，各国的目标是发展实力，争取生存空间，此时就必须重视富强和整体国力，如果此时反其道而行之，空谈道德，不注重实力，则亡国灭族之事随时都会发生。

三是那些贪财之人最终会因为钱财而死，正如鸟为了觅食而死一样。追求财富是人的本性，因此，追求财富本身并没有错，关键是不能把财富当成人生的唯一或最高追求。因为人与动物不同，动物活动的目的就是维持生存，所以它们常常会为了食物而不惜生命，如鱼为了吃食而吞钓饵(ěr)，野猪为了吃食而落入陷阱(jǐng)。而人生是十分丰富的，除了追求物质上的享受，人们还会去追求友情、亲情，追求自己的理想，追求精神上的享受。因此，如果一个人把钱财作为自己的最高追求，他就会为了钱财而不顾亲

▲ 司马相如琴挑卓文君图，选自明代陈洪绶(shòu)的《博古叶子》

情、友情，不顾道义，甚至不顾法律，那么，等待他的也必将是严厉的惩罚。

四是强调夫妻关系要和睦，文中以琴瑟与笙簧来作喻。之所以用琴瑟和笙簧比喻夫妻关系，是因为琴瑟和笙能演奏出悦耳的音乐。如在《诗经·周南·关雎（jū）》中就说：“窈窕（yǎotiǎo）淑女，琴瑟友之。”意即高贵娴（xián）雅的姑娘，要以美妙的琴声才能让她动情。在《史记·司马相如列传》中，记载司马相如为了追求卓文君，故意用琴声去挑动她，指的也是类似的意思。需要说明的是，这里的笙簧指的就是笙，因笙依靠簧发声，故称；一些注释本把它作为两种乐器，是一种误解。

70 有儿贫不久，无子富不长。善必寿考①，恶必早亡②。爽口③食多偏作病④，快心⑤事过⑥恐生殃⑦。富贵定要安⑧本分⑨，贫穷不必枉⑩思量⑪。

【注释】

①寿考：年高；长寿。　②亡：死。　③爽口：清爽可口。　④作病：生病。　⑤快心：使感到满足或畅快。　⑥过：过分；过多。　⑦殃：灾祸；祸害。　⑧安：感到满足、满意。　⑨本分：安于自己所处的身份和地位。　⑩枉：徒然；白费。　⑪思量：考虑。

【译文】

有儿子的人，即使贫穷，时间也不会很久；没有儿子的人，即使富裕，时间也不会很长。善良的人一定长寿，邪恶的人一定早死。清爽可口的食物吃多了反而会生病，令人高兴的事过多恐怕会产生灾祸。富贵的人一定要安于本分，贫穷的人也不要枉费心机。

【导读+图说】

本段包含以下四层意思：

一是强调了生儿子的重要性。一个家庭虽然很穷，但是如果家中生了儿子，就可以培养这个儿子，通过这个儿子的奋斗，将来就有可能变得富裕；一个家庭虽然很富，但是如果家中没有生下儿子，那么，这份家产迟早会变成别人的，所以说“有儿贫不久，无子富不长”。在中国古代社会，这种思想长期流行，也确实有一定的道理。它的不足之处是包含重男轻女的思想。古人认为，如果一个家庭只有女儿没有儿子，而女儿终究是要嫁人的，其状况就与没有后代类似。所以中国古代社会一直重视儿子而轻视女儿，如把生下儿子称为“弄璋”之喜，而生下女儿则称为“弄瓦”，以贵重的璋玉和普通的陶制纺锤（chuí）来区分儿子与女儿的不同价值。这种观念当然是错误的，但是因为与古代的财产继承制度密切相关，成为人们头脑中根深蒂（dì）固的思想。

▲ 弄璋仕女图（局部），清代任颐绘

二是把善恶与寿命相联系，认为善人必长寿，恶人必短命。这种观念，反映了人们的一种良好愿望，却与事实明显不符。与此相对且流行较广的另一种观念则是：好人不长寿，恶人活千年。当然，这种观点也是不正确的。关于人的德行与寿命长短的关系，《论语·雍也》中有这样一则记载：“伯牛有疾，子问之，自牖(yǒu)执其手，曰：‘亡之，命矣夫！斯人也而有斯疾也！斯人也而有斯疾也！’”伯牛得了绝症，孔子去探望他，从窗户中握着他的手，说：“没有办法，真是命啊！这样的人竟会得这种病！这样的人竟会得这种病！”伯牛即冉耕，在孔子弟子中属于有德行之人，有德行之人竟然得了绝症，所以孔子只好慨叹造化弄人。因此，所谓“善必寿考，恶必早亡”的说法是不正确的，善恶与寿命长短之间没有必然的联系。

▲ 冉伯牛像

三是做任何事情都要保持适度，过度就会造成负面效果甚至灾祸。比如人们都喜欢吃美味的食品，但美味的食品吃多了就会造成消化不良，并会由此引起其他疾病；比如人们都喜欢生活中充满欢乐，但是欢乐之事太多了也会造成灾祸，此即所谓乐极生悲。老子说过：“福兮祸之所伏”（《老子》第五十八章），当我们在享受美食或沉浸在快乐之中的时候，心中一定不要忘了一根弦：物极必反，适可而止。

四是当人们处于富贵或贫穷的状态时，一定要安于现状，不要试图去改变它。让富贵的人安于本分，这是有道理的，但是，说“贫穷不必枉思量”，即贫穷的人不要枉费心机，则是错误的观念。因为当人们身处贫穷时，正确的做法，应是通过自身的积极努力，去改变现状，创造财富，怎么能甘于贫穷呢？这种观念，当然与作者的财富观密切相关，因为从上文我们可以发现，作者赞成“富贵在天”的思想，认为一个人是富贵还是贫穷，都是由命运决定的，人力无法去改变；既然如此，一个穷人，最好的办法无疑就是安于贫穷，如果非要想方设法去改变，不但会白费力气，还有可能带来别的麻烦。这当然是一种消极的、甚至错误的人生观。

71 画水无风空作①浪，绣花虽好不闻香。贪他一斗米，失却②半年粮；争他一脚豚(tún)③，反失一肘羊④。

【注释】

①作：兴起；产生。

②失却：失掉。

③一脚豚：一个猪蹄。豚：猪。

④一肘羊：一个羊肘子，即用作食物的羊腿上部。

【译文】

画中的水没有风而掀起假的波浪；绣出来的花虽然好看，却闻不到香味。贪图他人的一斗米，却失掉了半年的粮食；为了争夺一个猪蹄，反而失去了一个羊肘子。

【导读】

本段包含以下两层意思：

一是凡事不能图表面好看，而要讲求它的真实用处。画中的波浪画得再高也是假的，因为画里没有风，怎么可能掀起波浪？绣出来的花再好看，也不可能让你闻到花香，因为绣出来的花都是假的。所以，如果你想看波浪，就要到大江、大湖之畔(pàn)，甚至到大海之上；如果你想闻花香，就要进入花园之中。同样，我们要考察一个人的水平和本领，就不能光凭别人的介绍，或看文字资料，而要来到这个人的身边，观察他的言行，考察他的处事方式，比较他事前的承诺和事后兑现的情况。这样才能对他有一个全面、正确的了解，并以此为依据，来安排他的工作和职位，从而真正做到量才录用、人尽其才。

二是做事情不能因小失大。一斗米和半年粮相比，一个猪蹄与一个羊肘子相比，谁都知道前者小而后者大，因此，在正常情况下，谁都会选择后者而放弃前者。然而，在现实生活中，却常常会发生因为前者而损失后者的情况。详细地分析其中的原因，便会发现，之所以会发生这种因小失大的情况，大多是因为人们的贪心，因为贪图小便宜，所以给自己造成了巨大的损失。春秋时期，晋国的周边有虢（guó）、虞两个小国。晋献公想灭掉这两个国家，但若同时发动攻击，有较大难度，于是，便计划先灭虢，再灭虞。然而，要攻打虢国，必须经过虞国，晋献公便派人带着贵重的礼物送给虞国国君，希望虞国国君能借道给晋国军队。虞国国君看到晋国送来的大批礼物，满心欢喜，便不顾大臣宫之奇的劝谏（jiàn），同意了晋国的要求。结果，晋国消灭虢国后，在回军的途中，顺便把虞国也灭了。虞国国君刚收到不久的礼物，又回到了晋国的囊（náng）中。

72 龙归晚洞云犹①湿，麝（shè）②过春山③草木香。平生④只会量⑤人短，何不回头把自量。见善如不及⑥，见恶如探汤⑦。人贫志短⑧，马瘦毛长。

【注释】

①犹：还；尚且。 ②麝：哺乳动物，外形像鹿而较小，无角，前腿短，后腿长，善于跳跃。雄

【译文】

龙在晚上回到洞里时云还是湿的，麝走过春天的山地时连草木都是香的。平时

的脐下有腺囊(xiànnáng),能分泌麝香。也叫香獐(zhāng)子。 ③春山:春天的山。④平生:平素;平时。 ⑤量:品评;评论。 ⑥不及:赶不上。 ⑦探汤:把手伸入滚烫的水中。 ⑧短:缺少。

只会议论别人的缺点,为什么不回头看看自身有什么缺点。看到善行,就像怕自己赶不上似的去追求;看到不善的行为,就像把手伸入滚烫的水中试探温度一样赶快避开。人在贫穷时会缺少志气,马消瘦时毛就会显得很长。

【导读】

本段包含以下四层意思:

一是人生在世,应该有所作为,在世上留下自己的印迹,就像龙兴起云、麝留下香一样。《论语·卫灵公》中载:"子曰:'君子疾没世而名不称焉。'"孔子说:"君子担心死后自己的名字不被世人称道。"为什么呢?因为如果一个人死后马上就被社会遗忘,就证明他对人类没有任何贡献,他在世上生活了几十年,却像根本没有存在过一样。这在以天下为己任的儒家看来,无疑是最大的悲哀,也是人生最大的失败。

二是人要有自知之明,要透彻了解自己身上的缺点,不要眼中只盯着别人的缺点。在日常生活中,我们经常能发现有人在议论别人,说某人小气、自私、没有品味、素质差、水平低,等等;却从来不回头想想,自己身上是否也有这些缺点,自己是否有资格去议论别人。《论语·颜渊》中说:"己所不欲,勿施于人。"自己所不想要的,就不要强加给别人。当你反躬自问,发现自己身上的诸多缺点后,你就不会再口无遮拦地去议论他人的缺点了。

三是人要积极行善,坚决拒绝恶行,即所谓"见善如不及,见不善如探汤"。"见善如不及,见不善如探汤"一句出自《论语·季氏》:"孔子曰:'见善如不及,见不善如探汤。吾见其人矣,吾闻其语矣。’”孔子说：“看到善行，就像怕自己赶不上似的去追求；看到不善的行为，就像把手伸入滚烫的水中试探温度一样赶快避开。我看到过这样做的人，也听到过这样的话。”也就是说，追求善行，避开不善的行为，这并不是很高的要求，每个人只要严格要求自己，是可以做得到的。

四是人在贫穷的时候容易失去志向，即所谓“人贫志短”；这就像“马瘦毛长”，即马消瘦时身上的毛就会显得很长一样，是很自然的事。“人贫志短”，这确实是一种常见的现象，因为一个贫穷的人，他脑子里成天想的就是如何解决自己的温饱问题，非要他在衣食无着的情况下去考虑国家和民族的前途，是非常不切实际的。不过，根据儒家的观点，“人贫志短”，这是针对普通人而言的，对于君子来说，则应该是“君子固穷”（《**论语·卫灵公**》），即君子在贫穷的时候仍坚持自己的原则和志向。因为“君子忧道不忧贫”（同上），君子担忧的是不能获得道，而不是贫穷。所以孔子周游列国，栖（xī）栖遑（huáng）遑十多年，却始终没有改变自己的志向。

73 自家心里急，他人未知忙。贫无义士①将金赠，病有高人②说药方。触③来莫④与竞⑤，事过心清凉⑥。秋至满山多秀色⑦，春来无处不花香。凡人⑧不可貌相⑨，海水不可斗量。

【注释】

①义士：旧指出钱赞助、布施的人。 ②高人：才识超人的人。 ③触：

【译文】

自己心里十分着急，别人并不知道你有多么着忙。贫穷的时候不会有慷慨的人把钱财送给你，生病触犯;冒犯。④莫:不要。⑤竞:争论。⑥清凉:清静,不烦扰。⑦秀色:秀美的景色。⑧凡人:人世间的人。⑨貌相:根据外貌来判断人。

的时候则有高明的人向你推荐药方。别人冒犯你的时候不要与他发生争执,等事情过去后心里自然会很平静。秋天到来时满山都是秀美的景色,春天到来时到处飘洒着鲜花的香气。人不能凭借外貌来判断他的才能,海水不能用斗来衡量它的多少。

【导读】

本段主要包含以下三层意思:

一是让人感同身受是十分不容易的事情。每当生活中遇到难题或心中纠结难受的时候,我们通常都会去找好朋友倾诉,希望能得到好朋友的理解和安慰。好朋友当然也会这样做,但是,你必须明白,“自家心里急,他人未知忙”,好朋友其实并不能真正理解你心中的感受。如果你细细体会,便会发现,生活中其实存在两种效应:一种是放大效应,一种是缩小效应。所谓放大效应,就是当事情在你身上发生的时候,比如你受了冤枉,或获得了某种荣誉,你便会在心中产生一种放大效应,自以为是一件多么了不得的事情,你会不断地向人诉说你所受的冤屈是多么的大,或你获得的荣誉是多么的重要。然而,每当这个时候,你会发现,别人也会相应地应和你,对你表示同情或祝贺,但他的内心其实并没有像你这么激动,因为他并未感觉到这有多么重要。与此相应的就是缩小效应,即一件发生在别人身上、在别人看来是多么不寻常的事情,在你看来则稀松平常,并没有什么了不起。因此,我们必须明白,发生在每个人身上的事情,其实只能由每个人自己去承受,别人即使能替你分担,也是很有限的一部分。

“贫无义士将金赠,病有高人说药方”一句,其实也可以看作是用具体的例子来说明“自家心里急,他人未知忙”的道理。当你贫穷困顿、衣食无着的时候，你肯定会向别人诉苦、求助，但是，此时你千万不要幻想有“义士”来无偿地把钱财赠送给你，否则世界上就不会有穷人了。然而，当你生病的时候，却会有“高人”来主动向你推荐药方，为什么呢？因为如果你选择了他推荐的药方，他就可以借此赚钱了。这些道理当然说得有些绝对，因为在生活中也不乏例外，也有一些无私奉献、热心助人的人，只是这样的人在我们的社会中为数太少了。

二是当遇到矛盾纠纷的时候，千万不要因为一时的冲动与别人发生争执，这样常常会造成令人后悔的结局。事实上，如果我们冷静下来想一想，生活中发生的不少冲突，在冲突的当下确实会令你气愤不已，然而当冲突过去之后，你会发现这些冲突也不过如此，实在不值得自己如此动气。既然如此，那么，每当面临冲突的时候，你就不妨提醒自己，此冲突没什么大不了的，过两天你就不会再把它放在心上了，所谓“秋至满山多秀色，春来无处不花香”，事过境迁，你的心情就会回到祥和、舒适，如观赏春秋天美景般的状态。抱着这样的心理，你就完全可以用豁（huò）达的态度去处理冲突，从而使大事化小，小事化了。

三是考察一个人要看他的真才实学，而不能看他的外表长相，即“凡人不可貌相”，因为人的长相好坏跟能力高低并无必然的联系。关于一个人的长相与他的为人、能力等之间的关系，本书第4段中也有类似的表述：“画虎画皮难画骨，知人知面不知心。”可参看该段的“导读”。

74 清清之水为土所防①，济济②之士③为酒所伤。蒿（hāo）草④之下，或⑤有兰香⑥；茅茨（cí）之屋⑦，或有侯王⑧。无限朱门⑨生饿殍（piǎo）⑩，几多⑪白屋⑫出公卿⑬。

【注释】

①防：堵塞。 ②济济：形容人多。 ③士：对人的美称。 ④蒿草：草名。有青蒿、白蒿等数种。 ⑤或：也许。 ⑥兰香：即泽兰，多年生草本植物，叶卵形，边缘有锯齿，秋末开白色花，有香气，可供观赏。也叫兰草。 ⑦茅茨之屋：即茅屋，用茅草盖的房屋。 ⑧侯王：泛指诸侯，古代帝王统辖（xiá）下的列国君主的统称。 ⑨朱门：红漆的大门，旧时借指豪富人家。 ⑩饿殍：饿死的人。 ⑪几多：多少。 ⑫白屋：不加涂饰、露出木材的房屋，为古代平民所居。 ⑬公卿：泛指高官。

【译文】

清澈（chè）的水流被泥土堵住，众多的士人被酒伤害。蒿草的下面，也许会有兰草；茅屋里面，也许住着侯王。无数出身豪富的人最后成了饿死鬼，多少普通百姓家中出了高官。

【导读+图说】

本段包含以下两层意思：

一是说明了酒的危害，即“济济之士为酒所伤”。众所周知，酒能促进血液循环，而且，在交际场合，酒还有调节气氛、增进友谊的作用。然而，过度饮酒则不但会影响身体健康，还会造成诸多难以预料的后果。因为过量的酒精会严重刺激大脑，使人失去理智，从而做出种种令人后悔的事情。据史载，夏朝的末代帝王夏桀（jié）、商朝的末代帝王商纣（zhòu），都曾设酒池肉林，饮酒无度，且酒后失德，最终导致王朝的灭亡。当代社会造成交通事故频发的一个重要原因，就是一些司机酒后驾车。因此，少饮酒、不酗（xù）酒应当成为人们的共识。

二是富贵或贫穷都是暂时的状态，它们处在不断的变化之中。通常说来，造成一个人富贵或贫穷的因素主要有三个。一是出身，有的人生长在富贵之家，有的人生长在贫穷之家，这是天生的，作为个体没有选择的余地。二是个人的因素：一个出身贫穷的人，通过自身的积极努力，成为富贵之人；或一个出身富贵的人，因为挥霍浪费，不求上进，最后成为穷人。三是社会变化或机遇，如爆发农民起义或战争时，许多权贵成为阶下囚，而贫穷百姓则成了国家的主人；或一个默默无闻的人，因为受到某个权贵的赏识，一步登天，成为手握重权之人。在上述造成富贵或贫穷的三个因素中，第一和第三个因素具有不可控性，因此，真正值得我们重视的是第二个因素，即个人奋斗。在中国历史上，通过个人奋斗由贫穷变成富贵的人不计其数，如刘邦从一个小小的亭长，变成了汉朝的开国皇帝；朱元璋从一个要饭的和尚，变成了明朝的开国皇帝；韩信从一个朝（zhāo）不保夕的穷苦之人，成为一方诸侯，被封为齐王、楚王；公孙弘从一个牧猪之人，成为汉朝的丞相。至于隋唐以后通过科举考试由平民成为朝廷重臣的人，更是不胜枚举。因此，“无限朱门生饿殍，几多白屋出公卿”，富贵和贫穷总是处于不断的更替之中。“昔日王谢堂前燕，飞入寻常百姓家”，“富不过三代”，这些话都告诉我们，没有永远的富贵之家，也没有永远的贫贱之家，而奋发努力，自强不息，则是通向富贵的重要而正当的途径。

▲ 酣身荒腆（tiǎn）图，描绘了商纣王设酒池肉林的情形。选自清代的《钦定书经图说》

75 醉后乾坤①大，壶中日月②长。万事皆已定，浮生③空自④忙。千里送毫毛⑤，礼轻情义⑥重。一人传虚，百人传实。世事明如镜，前程⑦暗似漆。良田万顷⑧，日食一升；大厦千间，夜眠⑨八尺。千经万典，孝义⑩为先。

【注释】

①乾坤：天地。②壶中日月：指道家的生活或神仙世界里的日子。③浮生：人生。因为人生在世，漂浮不定，故称。④空自：徒然；白白地。⑤毫毛：细毛，比喻极小或极少之物。⑥情义：人与人之间应有的感情。有的本子作“仁义”，仁义指仁爱和正义，在意思上不通顺。⑦前程：前途。⑧顷：地积单位，100 亩等于 1 顷，1 市顷约合 66667 平方米。⑨眠：睡觉。⑩孝义：行孝重义。

【译文】

人喝醉后会发现天地很大，神仙世界里的日子很漫长。万事都在命中早已注定，人生不过是徒劳地忙碌(lù)一场。从千里之外送来一根细毛，礼物虽轻但情义很重。一个人传说虚假的事情，经上百人相传后就被认为是真实的。对世上的事情看得十分透彻，自己的前途却像漆一样黑暗。拥有万顷良田，每天也就吃一升的粮食；拥有上千间大厦，夜里睡觉时所占的地方不过八尺。在千万种经典中，摆在第一位的，就是行孝重义。

【导读＋图说】

本段包含以下六层意思：

一是认为人的一生都是命中注定的，因此，人们忙忙碌碌，其实都是徒劳的。这种思想，前面多有论及，此处不同的是作者加入了“醉后乾坤大，壶中日月长”一句，建议人们不妨用酒麻醉自己，因为喝醉以后你会发现天地十分宽广，一切烦恼都会烟消云散。对于“壶中日月长”，可作两种理解：一种是把壶理解为酒壶，指借酒度日会发现时间很漫长。一种是以“壶中日月”指道家生活或神仙世界。据《后汉书·费长房传》载，东汉时，费长房曾担任管理市场的官员，他在市场中看到一个卖药的老翁，在摊位上挂一个小小的药壶，每当散市后，他便跳入这个药壶中休息。此老翁自名壶公。费长房知道他不是普通人，便向他拜师学道，后来费长房也成了神仙。另据《云笈（jí）七签》卷二八引《云台治中录》：“施存，鲁人。……常悬一壶如五升器大，变化为天地，中有日月，如世间。夜宿其内，自号壶天，人谓曰壶公。”即有一个名叫施存的人，有一个壶，看上去像一个能装五升东西的器具，但壶中却另有一番天地。施存晚上在壶中住宿，自称壶天，人们称他为壶公。后以“壶天”代指仙境、仙界。

▲ 壶公像，描绘了一位以壶为休息场所的卖药老翁。选自《清刻历代画像传》

作者把一切视为命中注定，且由此认为人生虚幻，不妨醉生梦死，这当然是一种消极的、甚至是错误的人生观，必须予以摒弃。

二是不要计较别人送来的礼物的轻重，因为不管礼轻礼重，代表的都是送礼人的一片心意，即所谓“千里送毫毛，礼轻情义重”。“千里送毫毛，礼轻情义重”一句出自宋代邢俊臣的《临江仙》，原作“物轻人意重，千里送鹅毛”。

三是不要以讹（é）传讹，因为有时候“一人传虚，百人传实”，谎言传播千遍，也能被认为是真理。一种错误的说法，当你第一次听到时，你肯定不会相信，但是，当不断有人向你说这是真的的时候，你就会渐渐怀疑、甚至否定自己原来的判断。据《战国策·秦策》载，曾子名参（shēn），是孔子的弟子，以孝著称。曾子住在费城（今山东费县）的时候，有个和他同名同姓的人杀了人。有人误以为是曾子，赶紧去告诉他的母亲。曾子的母亲正在织布，听说以后，毫不在意，说：“我的儿子不会去杀人。”过了一会儿，又有一个人来告诉她曾子杀了人，她仍不相信。过了一会儿，又有人来告诉她曾子杀了人，她就赶快扔下梭（suō）子，爬墙逃跑了。这个故

▲ 噬（shì）指痛心图，描绘了曾母咬自己的手指，外出打柴的曾子便感到心痛，母子之间心灵感应的故事。近人陈云彰绘

事说明，当谎言广泛传播时，它的影响力是很大的，很少有人能在流传的谎言面前保持清醒的头脑。针对这种情况，最好的应对办法，就是在谎言刚产生时就加以制止，不给它传播的机会。

四是一个人的才学与他的处境并无必然的联系。也就是说，一个才华横溢的人，不一定就能过上富裕的生活，他也许会在穷困潦(liáo)倒中度过一生。此即所谓“世事明如镜，前程暗似漆”。在中国历史上，这样的人是很多的，如颜回是孔子最得意的弟子，以道德高尚著称，却居住在破旧的房子里，吃饭时连下饭的菜都没有。如陶渊明文才出众，不为五斗米折腰，对世事看得极为透彻，最后却在贫病交加中死去。类似的例子还有很多。分析其中的原因，或如苏东坡所言：“聪明反被聪明误”，但根本的原因还在于古代社会缺乏一种把智慧转化成财富的机制。所以姜太公智慧过人，却只有依靠周文王、周武王，才能建功立业；诸葛亮洞悉天下大势，若无刘备三顾茅庐，他或许只好在南阳隐居一生。

五是知足常乐。因为一个人所能享用的东西是有限的，正如“良田万顷，日食一升；大厦千间，夜眠八尺”，你拥有再多的财富，也不可能一个人独自享用，既然如此，又何必去追求那么多的财富呢？所以，人应该知足，应该满足于目前所拥有的，只要能保证衣食无忧，你就不必再为财物的事情去操心，这样，你就能达到自满自足、自得其乐的境界。

六是强调了“孝义”的重要性，即“千经万典，孝义为先”。孝即孝顺父母，义即正义，它们都是儒家宣传的重要原则。尤其是其中的孝，更是被儒家视作一切道德的根本。如《论语·学而》中说：“孝悌(tì)也者，其为仁之本与！”即孝敬父母，尊敬兄长，就是仁道的基础。在中国古代，有一本广泛流传的书，叫作《二十四孝》，书中介绍了舜、汉文帝、曾子等历史上二十四个尽孝的典型人物，它对于劝导人们尽孝，起到了极好的示范作用。即使在当代，孝仍然是受到人们普遍认同的美德。

需要说明的是，有的本子在“良田万顷”前有“架上碗儿轮流转”“万事如棋动局”“一世如驹过隙”等句子，因内容过于杂乱，本书没有收录。

76 一字入公门①，九牛拖不出。衙(yá)门②八字开，有理无钱莫③进来。富从升合(gě)④起，贫因不算来。家中无才子⑤，官从何处来。

【注释】

①公门：官府；官署。 ②衙门：旧时官吏办事的地方。 ③莫：不要。 ④升合：一升一合，比喻数量极少。也借指少数米粮。合：市制容量单位，10勺等于1合，10合等于1升。 ⑤才子：指有才华的人。

【译文】

一张状纸送进衙门，即使用九头牛也拉不回来。官府的大门呈八字状打开，有理但没有钱的人不要进来打官司。富裕是靠一升一合积累起来的，贫穷是因为没有计划造成的。家中没有才子，怎么可能有人做官。

【导读+图说】

本段包含以下三层意思：

一是一个人想要赢得官司，就必须有钱。中国古代社会实行人治，官司的输赢由官员说了算。古代虽然也有法律条文，但是因为缺乏有效的监督，这些条文常常只是一种摆设，而官员本人的好恶、偏向往往成为影响判决的重要因素。那么什么东西能影响官员的好恶、偏向呢？那就是钱。因此，一个有钱人犯了罪，只要他肯花钱贿赂官员，便很有可能大事化小，小事化了。相反，普通

▲ 古代官员在官府中审案的情形，选自清代黎明的《仿金廷标〈孝经〉图》

百姓如果不给官员送钱，那么即使你再有理，也有可能在打官司时失败。所以文中说："衙门八字开，有理无钱莫进来。"之所以说"衙门八字开"，是因为古代官府都是坐北朝南的建筑，两扇大门打开时，宛如"八"字。

"一字入公门，九牛拖不出"一句出自《普灯录·慧南禅师》："一字入公门，九牛曳(yè)不出。"指的是一张状纸送进衙门，便会遭官司牵累，无法摆脱。说明在中国古代，状纸的作用不可小瞧。

二是富裕或贫穷取决于每个人不同的生活态度，如果懂得慢慢积累，从"一升一合"开始，便会富裕起来；相反，如果不会计划，不该花的钱乱花，该投资的项目不去投资，你手头的钱财就会越来越少，最终变成穷人。这种观点，与前面常常把富裕与贫穷看作命中注定不同，强调了人的后天努力的作用，体现出了积极的意义。

三是认为只有有才的人才能当官，因此，如果想要家里出官员，家中就必须有才子。这种观点，是古代科举制度的反映。中国古代自隋唐开始实行科举制以后，官员队伍主要由科举及第的人员组成。而一个人想在科举考试中被录取，就必须有才，因此，如果家里没有有才的读书人，当然就不可能有机会去当官，所以说“家中无才子，官从何处来”。

77 万事不由人计较①，一身都是命②安排。急行慢行，前程③只有许多④路。人间私语⑤，天⑥闻若雷；暗室⑦亏心⑧，神目⑨如电。一毫⑩之恶，劝人莫⑪作；一毫之善，与人方便。亏⑫人是祸，饶⑬人是福；天眼⑭恢恢⑮，报应⑯甚速。圣贤⑰言语，神钦⑱鬼伏。

【注释】

①计较：打算；谋划。 ②命：命运，迷信的人指一生注定的生死、贫富和一切遭遇。 ③前程：前途。 ④许多：若干；多少。 ⑤私语：私下谈话；低声说话。 ⑥天：迷信的人指宇宙中万物的主宰者。 ⑦暗室：幽暗的内室；黑暗无光的房间。特指别人看不见的地方。 ⑧亏心：感觉到自己的言行违背良心。 ⑨目：看。 ⑩一毫：一根毫毛，也比喻极微小的事物。 ⑪莫：不要。 ⑫亏：亏待，待人不公平或有所欠缺。 ⑬饶：宽恕。 ⑭天眼：佛教所说五眼之一，又称天趣眼，能透视六道、远

【译文】

所有事情都由不得人来计划打算，一切都是命里安排定的。不管你急走还是慢走，前面都只有这么长的路。人们之间悄悄说话，在天听来就像打雷一样响；在私下里做的亏心事，在神看来就像闪电照耀下一样清楚。极小的恶事，劝人不要去做；极小的善事，也可以给别人提供方便。

近、上下、前后、内外及未来等。⑮恢恢:形容非常广大。⑯报应:佛教用语,原指种善因得善果,种恶因得恶果。后来多指种恶因得恶果。⑰圣贤:圣人和贤人。⑱钦:敬佩;佩服。

亏欠别人是灾祸,宽恕别人是福气;天眼广大无比,报应十分迅速。圣贤说的话,连神和鬼都敬服。

【导读+图说】

本段包含以下两层意思:

一是人一生的富贵祸福是命中注定的,人力无法改变,即所谓"一身都是命安排","急行慢行,前程只有许多路"。这种观点,在前面多次出现,可参看第11段、第49段等处的"导读"。

▲《太上宝筏图说》中的正己化人图,描绘了做人既要严于律己,又要随时教化别人

二是上天、神鬼监视着人的一言一行,无论多么私密的话,多么隐秘的行为,上天、神鬼都知道得一清二楚,并最终会根据每个人的所作所为作出相应的赏罚,即所谓"天眼恢恢,报应甚速"。利用神通广大的天和神鬼的力量来劝人为善,是中国传统文化的一个重要特点。早在商周时期,人们就认为天有赏善罚恶的功能。在先秦经典《墨子》一书中,

就有《天志》《明鬼》等篇章，认为上天有意志，鬼神有灵验，不管是什么人，只要你残害无辜，就逃不脱神鬼的惩罚。在成书于宋朝末年的《太上感应篇》中，更是明确指出："祸福无门，惟人自召；善恶之报，如影随形"，"天地有司过之神，依人所犯轻重，以夺人算"。这种观点，在今人看来，当然属于迷信，但它对于提高古人的道德水平，维护社会的安定，却产生了非常明显的作用。现代人讲求科学，否定神鬼的存在，由此也导致一些人天不怕地不怕，作奸犯科，无所顾忌，社会的整体道德水平严重下滑。由此我们可以发现，古人的做法确有其高明之处。

78 人各有心，心各有见①。口说不如身②逢，耳闻不如目见。养军千日，用在一朝(zhāo)③。国清④才子⑤贵，家富小儿骄。利刀割体痕易合，恶语伤人恨不消。公道世间唯白发，贵人头上不曾⑥饶⑦。

【注释】

①见：看法；意见。

②身：自身；自己。

③一朝：一时；短时间。

④清：指政治清明。

⑤才子：有才华的人。

⑥不曾：没有。

⑦饶：宽容；宽恕。

【译文】

每个人都有自己的心，每个人的心都有自己的意见。嘴上说不如亲身去经历，耳朵听到不如亲眼看到。长时间供养和训练军队，是为了在危急的时候使用。国家政治清明，有才能的人就受到尊重；家庭富裕了，小孩子就容易骄横。锋利的刀割破身体，伤口容易愈合；用恶毒的话伤害别人，造成的仇恨却不易消除。世上最公道的只有白头发，在地位显贵之人的头上照样生长。

【导读】

本段主要包含以下三层意思：

一是强调认识事物时亲身经历、亲眼目睹的重要性。“口说不如身逢，耳闻不如目见”一句出自《资治通鉴·唐纪·睿(ruì)宗二年》：“右补阙(quē)辛替否上疏，以为：‘自古失道破国亡家者，口说不如身逢，耳闻不如目睹。’”右补阙辛替否向皇帝上疏，指出：“自古以来对于因为君主无道而造成国破家亡的教训，嘴上说不如亲身经历，耳朵听到不如亲眼看到。”为什么要强调亲身经历、亲眼目睹呢？因为如果光凭别人的讲述来认识事物，一方面是你的体会不会很深，另一方面是别人的讲述不一定准确。因为“人各有心，心各有见”，不同的人对事物有不同的认识，因此，当他讲述某件事情的时候，事实上已附加上了他个人的主观意见，呈现的并不是事物的本来面目。这种说法是很有道理的，比如有人向你讲述某个遥远地方的风景，告诉你那里如何美丽，怎样才能到达那里，如果你只是听听而已，对它就不会有什么深刻的印象。如果你在听了别人的介绍后，亲自动身前往，那么，那个地方的景色就会成为你终生难忘的记忆，而且所掌握与了解的内容也会大大超过别人的介绍。

二是只有国家政治清明，人才才能真正受到重用，即所谓“国清才子贵”。人才对于国家建设的重要作用是不言而喻的，然而，却并不是所有的人才都能受到重用，世上怀才不遇之人数不胜数。究其原因，固然是因为“千里马常有，而伯乐不常有”，缺乏识才之人，真正的原因却是社会上缺乏选才、用才的机制。因为人才的对头是庸人，庸人一旦掌权，就会想方设法排挤人才；而等到人才排挤殆(dài)尽，整个国家必然陷入无序状态。明朝末年，阉(yān)人魏忠贤当权，大肆迫害正直之士，就属于这种状况。因此，在中国历史上，只有等到雄才大略之主掌握政权，充分认识到人才的价值，并出台一系列选拔和运用人才的政策，人才才能真正受到重用，如东汉末年曹操发布求贤令，提倡唯才是举，从而形成了朝中人才济济的局面。

三是在人际交往中切忌口出恶言，因为恶语伤人会结下难解的冤仇。人生活在社会中，难免与他人发生矛盾纠纷，当与他人因为某件事情发生争执时，为了图一时之快，最容易恶语相向。殊不知，话说出口容易，要想收回却万万不能。其实有许多争执，本来并没有什么大不了的，忍一忍，事情就过去了，好朋友还是好朋友，好同事还是好同事；然而如果你一时气昏了头，对对方破口大骂，或大揭对方隐私，这样事情的性质就变了，昔日的朋友就会变成仇人，从而令你后悔一辈子。因为伤人的恶语比利刀割人还要厉害，“利刀割体痕易合，恶语伤人恨不消”，在日常生活中，我们一定要引以为戒。

79 有钱堪①出众②，无衣懒出门。为官须作相③，及第④早争先。苗从地发，树向枝分。父子和而家不退⑤，兄弟和而家不分。

【注释】

①堪：能；可以。②出众：超出众人。③相：宰相，我国古代辅助君主掌管国事的最高官员的通称。④及第：科举时代考试中选，特指考取进士，明清时代只用于殿试前三名。⑤家不退：指家道不会衰落。

【译文】

有钱就能超出众人，没有好的衣服就懒得出门。做官就要做宰相，科举考试中要尽早争取最好的名次。幼苗从地里长出来，树长大后就分出枝条。父子和睦家道就不会衰落，兄弟和睦就不会分家。

【导读+图说】

本段主要包含以下两层意思：

一是要力争上游，当官就要当大官，参加考试就要拔头筹，即所谓“为官须作相，及第早争先”。宰相在中国古代是一人之下、万人之上的最高官员，手握重权，所以是所有官场中人的追求目标。在明清时期，“及第”指科举考试时考中状元、榜眼或探花，这也是读书士子们梦寐（mèi）以求的目标。因此，这里是指出做人要有理想，正如不想当将军的士兵不是好士兵，不想当宰相的官员也不是好官员。

▲ 紫荆树图，选自明代的《补遗雷公炮（páo）制便览》

二是提倡家庭和睦，因为只有父子、兄弟之间和睦相处，家业才能兴旺，家族才能壮大。在中国古代，把四世同堂、兄弟不分家视为治家有方、家庭和睦的标志，因此，历史上曾经出现过数百人、甚至上千人聚居一处的家庭，它们受到过朝廷的隆重表彰。“苗从地发，树向枝分”，则是比喻家庭的成员再多，也是来自同一个祖先，告诫人们不要忘本。关于劝告兄弟之间不要分家，在《续齐谐记·紫荆树》中记载了这样一个故事：田真兄弟三人要分家，院子里有一棵紫荆树，也准备把它一分为三，谁知这棵紫荆树却突然就死了。兄弟三人受到触动，便决定不再分家，这棵紫荆树竟又活了过来。后用“紫荆”或“三荆”指兄弟不分家、团结友爱。

80 官有公法①,民有私约②。闲时③不烧香,急时抱佛脚④。幸生太平无事日,恐逢年老不多时。国乱思良将,家贫思贤妻。

【注释】

①公法:国法。有的本子作"正条"。 ②私约:私下订立的契约。 ③闲时:没有事情的时候。 ④抱佛脚:指事前无准备而临时慌忙应付。

【译文】

官府有国法,民间有私下订立的契约。没有事情的时候不烧香拜佛,到危急时再抱着佛脚恳求。庆幸的是生活在太平无事的时候,担心的是恰逢年老,剩下的日子不多了。国家动乱时希望有良将,家里贫穷时希望有贤惠的妻子。

【导读+图说】

本段包含以下三层意思:

一是做任何事情都需要有规则,如治理国家要有法律,民间的交易要有私下商定的契约,即使是玩游戏,也要有游戏规则。中国古代长期以儒家思想为正统的统治思想,儒家思想的核心是提倡德治,即用道德治国,它认为法治不是好的治国策略,因为它培养不了老百姓的道德意识。因此,曾经有一个时期,朝廷提倡"《春秋》决狱",即用《春秋》一书中提倡的儒家原则来判决案件,这种做法由于缺乏可操作性,所以没有被普遍接受。学者们大多认为,中国封建社会虽然提倡德治,但法律在治国中仍发挥着十分重要的作用,他们把这种现象称为"阳儒阴法",即表面上以儒家思想治国,实际上遵行的却是法家思想。由此即可看出法律在治理国家时的重要作用。

二是做事情要有长远的眼光,不要事到临头再去想办法,即所谓“闲时不烧香，急时抱佛脚”。关于“抱佛脚”，唐代孟郊的《读经》诗中有句：“垂老抱佛脚，教妻读《黄经》。”指人到了年老才信佛，未免太晚了。因此，抱佛脚有临渴掘井之意。不过，明代张谊的《宦（huàn）游纪闻》却对抱佛脚有另一番解释：“云南之南一番国，其俗尚释教，人有犯罪应诛者，其国主捕之，其人恐，急奔往某寺中抱佛脚，知悔过，愿削发为僧，不敢蹈前非。主许之，竟贳（shì）其罪。……俗谚曰：‘闲时不烧香，急来抱佛脚’，盖本诸此。”意思是：在云南之南有一个外族国家，人们都信奉佛教，有一个人犯罪应判死刑，国君派人追捕，这个人十分害怕，急忙跑入某个寺庙，抱住佛像的脚，表示自己愿意悔过，并愿意削发为僧，以后不敢再犯罪。国君同意，竟然赦免了他的罪行。因此，俗话所说“闲时不烧香，急来抱佛脚”，大概是出自这个故事。

三是一些人往往平时不注重人才，等到陷于困境时才发现人才的重要性。“国乱思良将，家贫思贤妻”的另一种解读便是：国家无事时不思良将，家庭富裕时不在乎妻子是否贤惠。据《史记·魏公子列传》载，战国时期，秦国攻打赵国，赵国向魏国求援，魏王不

▲ 据《史记》记载，信陵君窃兵符救赵，是一位名叫侯嬴（yíng）的老人出的主意。此为描绘信陵君与侯嬴交往情形的绘画，清代吴历绘

发兵。魏国的信陵君偷来魏王的兵符，发兵救赵。魏王因此怨恨信陵君。信陵君怕受惩罚，也只好留在赵国，不敢回魏国。后来，秦国攻打魏国，魏王抵御不住，便想到了信陵君的作用，于是派人去请信陵君。信陵君回到魏国，魏王封他为上将军，其他诸侯国纷纷发兵援助魏国，秦军见状，只好撤退。在这个故事中，信陵君即是魏国的良将，在魏国安定时，魏王怨恨信陵君；等到魏国被秦国攻打，魏王才认识到信陵君的价值。因此，这是一个典型的“国乱思良将”的例子。

81 池塘积水须①防旱，田地深耕足养家。根深不怕风摇动，树正何愁②月影斜。奉劝君子③，各宜④守己⑤，只此呈示⑥，万无一失⑦。

【注释】

①须：可。一说指必须。

②愁：忧虑；苦恼。

③君子：对人的尊称。

④宜：应该。 ⑤守己：即安分守己，指不做超出本分的事。 ⑥呈示：呈现。 ⑦万无一失：绝对不会出差错。

【译文】

池塘里蓄满水可以防止干旱，把田地深耕就足以养活全家。树根扎得很深就不怕大风来摇动，树长得很直就不用担心月下的树影倾斜。奉劝各位君子，大家都应该安分守己，在此把以上的内容呈现出来，只要照此行事，就肯定万无一失。

【导读＋图说】

本段包含以下三层意思：

一是凡事要早作准备，尤其是靠天吃饭的农民，更要懂得合理利用自然资源，平时把池塘挖深，把水蓄积起来，这样遇到干旱的时候就可用来浇地；在耕种时，要做到深耕，以充分发挥地力，确保粮食丰收，这样，就不用为吃饭问题担心了。

二是以树作喻：树根如果扎得很深，就不怕风来摇动它；树身如果长得很直，就不用担心月下的影子倾斜。其实人也一样，如果根基扎实，就能经受住各种考验；如果为人正直，就不怕别人的抹黑、诬蔑(miè)。据《论语·子张》载，孔子去世后，叔孙武叔诋(dǐ)毁孔子，对此，孔子弟子子贡说："无以为也！仲尼不可毁也。他人之贤者，丘陵也，犹可逾(yú)也；仲尼，日月也，无得而逾也。人虽欲自绝，其何伤于日月乎？多见其不知量也。"意即不要这么做，孔子是不能诋毁的。别人的贤能，就像丘陵一样，还是可以逾越的；仲尼，则与太阳月亮一样，是无法逾越的。一个人即使要自绝于太阳和月亮，对太阳和月亮能造成什么伤害呢？只是

▲ 从汉代开始，历史上有不少皇帝亲自参加祭(jì)孔活动。此为真宗祀(sì)鲁图，描绘了北宋的宋真宗祭祀孔子的情形。选自《孔子圣迹图》

显示他不自量力罢了。孔子在历史上曾受到不少攻击，如秦始皇时“焚书坑儒”，儒家经典被焚毁，孔门弟子惨遭迫害；20世纪初一些学者提出“砸烂孔家店”，孔子成为近代中国落后的替罪羊；等等。但是，时至今日，孔子仍以圣人的形象屹立于世。原因何在呢？就在于“根深不怕风摇动，树正何愁月影斜”，孔子巨大的人格魅力、思想成就铸就了他在中国历史上无法撼动的伟人地位。

三是说明了《增广贤文》一书的价值：只要按书中所说的去行事，便会“万无一失”。应该说，《增广贤文》为我们展示了为人处世的道理，待人接物的原则，应对事变的智慧，确实有很重要的启迪意义和实用价值。但是，需要指出的是，《增广贤文》中所说也并非都是真理，有些内容并不适合现代社会，有些内容则明显是错误的，如贯穿全书的命定论思想，消极避世的态度，过于圆滑的处世手段，等等，这些都是需要予以摒弃的。

附录一：
增广贤文（原文+拼音*）

xī shí xián wén, huì rǔ zhūn zhūn. jí yùn
1 昔时贤文，诲汝谆谆。集韵

zēng guǎng, duō jiàn duō wén. guān jīn yí jiàn gǔ, wú
增广，多见多闻。观今宜鉴古，无

gǔ bù chéng jīn.
古不成今。

zhī jǐ zhī bǐ, jiāng xīn bǐ xīn. jiǔ féng zhī
2 知己知彼，将心比心。酒逢知

jǐ yǐn, shī xiàng huì rén yín. xiāng shí mǎn tiān xià,
己饮，诗向会人吟。相识满天下，

zhī xīn néng jǐ rén. xiāng féng hǎo sì chū xiāng shí, dào
知心能几人。相逢好似初相识，到

lǎo zhōng wú yuàn hèn xīn.
老终无怨恨心。

jìn shuǐ zhī yú xìng, jìn shān shí niǎo yīn.
3 近水知鱼性，近山识鸟音。

yì zhǎng yì tuì shān xī shuǐ, yì fǎn yì fù xiǎo rén
易涨易退山溪水，易反易复小人

* “一”字单用或在一词一句末尾念阴平（“ˉ”），在去声（“ˋ”）字前念阳平（“ˊ”），在阴平、阳平、上声（“ˇ”）字前念去声。本附录为简便起见，文中的“一”字均注阴平。

xīn yùn qù jīn chéng tiě shí lái tiě sì jīn dú
心。运去金成铁，时来铁似金。读

shū xū yòng yì yī zì zhí qiān jīn
书须用意，一字值千金。

féng rén qiě shuō sān fēn huà wèi kě quán pāo
4 逢人且说三分话，未可全抛

yī piàn xīn yǒu yì zāi huā huā bù fā wú xīn
一片心。有意栽花花不发，无心

chā liǔ liǔ chéng yīn huà hǔ huà pí nán huà gǔ
插柳柳成荫。画虎画皮难画骨，

zhī rén zhī miàn bù zhī xīn qián cái rú fèn tǔ
知人知面不知心。钱财如粪土，

rén yì zhí qiān jīn
仁义值千金。

liú shuǐ xià tān fēi yǒu yì bái yún chū xiù
5 流水下滩非有意，白云出岫

běn wú xīn dāng shí ruò bù dēng gāo wàng shuí xìn
本无心。当时若不登高望，谁信

dōng liú hǎi yàng shēn lù yáo zhī mǎ lì shì jiǔ
东流海样深。路遥知马力，事久

jiàn rén xīn liǎng rén yī bān xīn yǒu qián kān mǎi
见人心。两人一般心，有钱堪买

jīn yī rén yī bān xīn wú qián kān mǎi zhēn xiāng
金；一人一般心，无钱堪买针。相

jiàn yì dé hǎo jiǔ zhù nán wéi rén mǎ xíng wú
见易得好，久住难为人。马行无

lì jiē yīn shòu rén bù fēng liú zhǐ wèi pín
力皆因瘦，人不风流只为贫。

ráo rén bú shì chī hàn chī hàn bú huì ráo
6 饶人不是痴汉，痴汉不会饶
rén shì qīn bú shì qīn fēi qīn què shì qīn měi
人。是亲不是亲，非亲却是亲。美
bù měi xiāng zhōng shuǐ qīn bù qīn gù xiāng rén
不美，乡中水；亲不亲，故乡人。
yīng huā yóu pà chūn guāng lǎo qǐ kě jiào rén wǎng dù
莺花犹怕春光老，岂可教人枉度
chūn xiāng féng bù yǐn kōng guī qù dòng kǒu táo huā yě
春。相逢不饮空归去，洞口桃花也
xiào rén hóng fěn jiā rén xiū shǐ lǎo fēng liú làng zǐ
笑人。红粉佳人休使老，风流浪子
mò jiào pín
莫教贫。

zài jiā bú huì yíng bīn kè chū wài fāng zhī
7 在家不会迎宾客，出外方知
shǎo zhǔ rén huáng jīn wú jiǎ ā wèi wú zhēn kè
少主人。黄金无假，阿魏无真。客
lái zhǔ bú gù yīng kǒng shì chī rén pín jū nào shì
来主不顾，应恐是痴人。贫居闹市
wú rén shí fù zài shēn shān yǒu yuǎn qīn
无人识，富在深山有远亲。

shéi rén bèi hòu wú rén shuō nǎ gè rén qián
8 谁人背后无人说，哪个人前
bù shuō rén yǒu qián dào zhēn yǔ wú qián yǔ bù
不说人。有钱道真语，无钱语不
zhēn bú xìn dàn kàn yán zhōng jiǔ bēi bēi xiān quàn
真；不信但看筵中酒，杯杯先劝

yǒu qián rén
有钱人。

nào lǐ yǒu qián jìng chù ān shēn lái rú fēng
9 闹里有钱，静处安身。来如风

yǔ qù sì wēi chén cháng jiāng hòu làng tuī qián làng
雨，去似微尘。长江后浪推前浪，

shì shàng xīn rén gǎn jiù rén jìn shuǐ lóu tái xiān dé
世上新人赶旧人。近水楼台先得

yuè xiàng yáng huā mù zǎo féng chūn
月，向阳花木早逢春。

gǔ rén bú jiàn jīn shí yuè jīn yuè céng jīng
10 古人不见今时月，今月曾经

zhào gǔ rén xiān dào wéi jūn hòu dào wéi chén mò
照古人。先到为君，后到为臣。莫

dào jūn xíng zǎo gèng yǒu zǎo xíng rén mò xìn zhí
道君行早，更有早行人。莫信直

zhōng zhí xū fáng rén bù rén
中直，须防仁不仁。

shān zhōng yǒu zhí shù shì shàng wú zhí rén zì
11 山中有直树，世上无直人。自

hèn zhī wú yè mò yuàn tài yáng piān dà jiā dōu shì
恨枝无叶，莫怨太阳偏。大家都是

mìng bàn diǎn bù yóu rén
命，半点不由人。

yī nián zhī jì zài yú chūn yī rì zhī jì
12 一年之计在于春，一日之计

zài yú yín yī jiā zhī jì zài yú hé yī shēn
在于寅，一家之计在于和，一身

zhī jì zài yú qín zé rén zhī xīn zé jǐ shù
之 计 在 于 勤 。责 人 之 心 责 己 ，恕

jǐ zhī xīn shù rén shǒu kǒu rú píng fáng yì rú
己 之 心 恕 人 。守 口 如 瓶 ，防 意 如

chéng
城 。

nìng kě rén fù wǒ qiè mò wǒ fù rén
13 宁 可 人 负 我 ，切 莫 我 负 人 。

zài sān xū zhòng shì dì yī mò qī xīn hǔ shēng
再 三 须 重 事 ，第 一 莫 欺 心 。虎 生

yóu kě jìn rén shú bù kān qīn lái shuō shì fēi
犹 可 近 ，人 熟 不 堪 亲 。来 说 是 非

zhě biàn shì shì fēi rén
者 ，便 是 是 非 人 。

yuǎn shuǐ nán jiù jìn huǒ yuǎn qīn bù rú jìn
14 远 水 难 救 近 火 ，远 亲 不 如 近

lín yǒu chá yǒu jiǔ duō xiōng dì jí nàn hé céng
邻 。有 茶 有 酒 多 兄 弟 ，急 难 何 曾

jiàn yī rén rén qíng sì zhǐ zhāng zhāng báo shì shì
见 一 人 。人 情 似 纸 张 张 薄 ，世 事

rú qí jú jú xīn shān zhōng yě yǒu qiān nián shù
如 棋 局 局 新 。山 中 也 有 千 年 树 ，

shì shàng nán féng bǎi suì rén
世 上 难 逢 百 岁 人 。

lì wēi xiū fù zhòng yán qīng mò quàn rén
15 力 微 休 负 重 ，言 轻 莫 劝 人 。

wú qián xiū rù zhòng zāo nàn mò xún qīn píng shēng
无 钱 休 入 众 ，遭 难 莫 寻 亲 。平 生

mò zuò zhòu méi shì shì shàng yīng wú qiè chǐ rén
莫作皱眉事，世上应无切齿人。

shì zhě guó zhī bǎo rú wéi xí shàngzhēn
士者国之宝，儒为席上珍。

ruò yào duàn jiǔ fǎ xǐng yǎn kàn zuì rén
16 若要断酒法，醒眼看醉人。

qiú rén xū qiú dà zhàng fu jì rén xū jì jí shí
求人须求大丈夫，济人须济急时

wú kě shí yī dī rú gān lù zuì hòu tiān bēi
无。渴时一滴如甘露，醉后添杯

bù rú wú jiǔ zhù lìng rén jiàn pín lái qīn yě
不如无。久住令人贱，频来亲也

shū
疏。

jiǔ zhōng bù yǔ zhēn jūn zǐ cái shàng fēn míng
17 酒中不语真君子，财上分明

dà zhàng fu chū jiā rú chū chéng fó yǒu yú jī
大丈夫。出家如初，成佛有余。积

jīn qiān liǎng bù rú míng jiě jīng shū yǎng zǐ bú jiào
金千两，不如明解经书。养子不教

rú yǎng lǘ yǎng nǚ bú jiào rú yǎng zhū
如养驴，养女不教如养猪。

yǒu tián bù gēng cāng lǐn xū yǒu shū bù dú
18 有田不耕仓廪虚，有书不读

zǐ sūn yú cāng lǐn xū xī suì yuè fá zǐ sūn yú
子孙愚。仓廪虚兮岁月乏，子孙愚

xī lǐ yì shū tóng jūn yī yè huà shèng dú shí nián
兮礼义疏。同君一夜话，胜读十年

shū rén bù tōng gǔ jīn mǎ niú ér jīn jū

书。人不通古今，马牛而襟裾。

máng máng sì hǎi rén wú shù nǎ ge nán ér

19 茫茫四海人无数，哪个男儿

shì zhàng fū bái jiǔ niàng chéng yuán hào kè huáng jīn

是丈夫。白酒酿成缘好客，黄金

sàn jìn wèi shōu shū jiù rén yī mìng shèng zào qī

散尽为收书。救人一命，胜造七

jí fú tú chéng mén shī huǒ yāng jí chí yú

级浮屠。城门失火，殃及池鱼。

tíng qián shēng ruì cǎo hǎo shì bù rú wú

20 庭前生瑞草，好事不如无。

yù qiú shēng fù guì xū xià sǐ gōng fu bǎi nián

欲求生富贵，须下死工夫。百年

chéng zhī bù zú yí dàn huài zhī yǒu yú rén xīn

成之不足，一旦坏之有余。人心

sì tiě guān fǎ rú lú shàn huà bù zú è huà

似铁，官法如炉。善化不足，恶化

yǒu yú

有余。

shuǐ tài qīng zé wú yú rén tài jí zé wú

21 水太清则无鱼，人太急则无

zhì zhì zhě jiǎn bàn shěng zhě quán wú zài jiā yóu

智。知者减半，省者全无。在家由

fù chū jià cóng fū chī rén wèi fù xián nǚ jìng

父，出嫁从夫。痴人畏妇，贤女敬

fū

夫。

shì fēi zhōng rì yǒu bù tīng zì rán wú
22 是非终日有，不听自然无。
nìng kě zhèng ér bù zú bù kě xié ér yǒu yú
宁可正而不足，不可邪而有余。
nìng kě xìn qí yǒu bù kě xìn qí wú
宁可信其有，不可信其无。

zhú lí máo shè fēng guāng hǎo dào yuàn sēng fáng
23 竹篱茅舍风光好，道院僧房
zǒng bù rú mìng lǐ yǒu shí zhōng xū yǒu mìng lǐ
总不如。命里有时终须有，命里
wú shí mò qiáng qiú dào yuàn yíng xiān kè shū táng
无时莫强求。道院迎仙客，书堂
yǐn xiàng rú tíng zāi qī fèng zhú chí yǎng huà lóng
隐相儒。庭栽栖凤竹，池养化龙
yú
鱼。

jié jiāo xū shèng jǐ sì wǒ bù rú wú
24 结交须胜己，似我不如无。
dàn kàn sān wǔ rì xiāng jiàn bù rú chū rén qíng
但看三五日，相见不如初。人情
sì shuǐ fēn gāo xià shì shì rú yún rèn juǎn shū
似水分高下，世事如云任卷舒。
huì shuō shuō dū shì bú huì shuō wū li
会说说都市，不会说屋里。

mó dāo hèn bú lì dāo lì shāng rén zhǐ
25 磨刀恨不利，刀利伤人指。
qiú cái hèn bù duō cái duō hài zì jǐ zhī zú
求财恨不多，财多害自己。知足

cháng zú zhōng shēn bù rǔ zhī zhǐ cháng zhǐ zhōng shēn
常足，终身不辱。知止常止，终身

bù chǐ
不耻。

yǒu fú shāng cái wú fú shāng jǐ chā zhī
26 有福伤财，无福伤己。差之

háo lí shī zhī qiān lǐ ruò dēng gāo bì zì bēi
毫厘，失之千里。若登高必自卑，

ruò shè yuǎn bì zì ěr sān sī ér xíng zài sī
若涉远必自迩。三思而行，再思

kě yǐ
可矣。

shǐ kǒu bù rú zì zǒu qiú rén bù rú qiú
27 使口不如自走，求人不如求

jǐ xiǎo shí shì xiōng dì zhǎng dà gè xiāng lǐ dù
己。小时是兄弟，长大各乡里。妒

cái mò dù shí yuàn shēng mò yuàn sǐ
财莫妒食，怨生莫怨死。

rén jiàn bái tóu chēn wǒ jiàn bái tóu xǐ
28 人见白头嗔，我见白头喜。

duō shǎo shào nián wáng bú dào bái tóu sǐ qiáng yǒu
多少少年亡，不到白头死。墙有

fèng bì yǒu ěr hǎo shì bù chū mén è shì chuán
缝，壁有耳。好事不出门，恶事传

qiān lǐ
千里。

zéi shì xiǎo rén zhì guò jūn zǐ jūn zǐ
29 贼是小人，智过君子。君子

gù qióng xiǎo rén qióng sī làn yǐ pín qióng zì zài
固穷，小人穷斯滥矣。贫穷自在，
fù guì duō yōu bù yǐ wǒ wéi dé fǎn yǐ wǒ
富贵多忧。不以我为德，反以我
wéi chóu nìng xiàng zhí zhōng qǔ bù kě qū zhōng qiú
为仇。宁向直中取，不可曲中求。

rén wú yuǎn lǜ bì yǒu jìn yōu zhī wǒ
30 人无远虑，必有近忧。知我
zhě wèi wǒ xīn yōu bù zhī wǒ zhě wèi wǒ hé qiú
者谓我心忧，不知我者谓我何求。
qíng gān bù kěn qù zhí dài yǔ lín tóu chéng shì
晴干不肯去，直待雨淋头。成事
mò shuō fù shuǐ nán shōu
莫说，覆水难收。

shì fēi zhǐ wèi duō kāi kǒu fán nǎo jiē yīn
31 是非只为多开口，烦恼皆因
qiáng chū tóu rěn dé yī shí zhī qì miǎn dé bǎi
强出头。忍得一时之气，免得百
rì zhī yōu jìn lái xué dé wū guī fǎ dé suō
日之忧。近来学得乌龟法，得缩
tóu shí qiě suō tóu jù fǎ zhāo zhāo lè qī gōng
头时且缩头。惧法朝朝乐，欺公
rì rì yōu
日日忧。

rén shēng yī shì cǎo shēng yī chūn bái fà
32 人生一世，草生一春。白发
bù suí lǎo rén qù kàn lái yòu shì bái tóu wēng
不随老人去，看来又是白头翁。

yuè guò shí wǔ guāng míng shǎo rén dào zhōng nián wàn shì
月过十五光明少，人到中年万事

xiū ér sūn zì yǒu ér sūn fú mò wèi ér sūn
休。儿孙自有儿孙福，莫为儿孙

zuò mǎ niú
作马牛。

rén sheng bù mǎn bǎi cháng huái qiān suì yōu
33 人生不满百，常怀千岁忧。

jīn zhāo yǒu jiǔ jīn zhāo zuì míng rì chóu lái míng rì
今朝有酒今朝醉，明日愁来明日

yōu lù féng xiǎn chù nán huí bì shì dào tóu lái
忧。路逢险处难回避，事到头来

bú zì yóu yào néng yī jiǎ bìng jiǔ bù jiě zhēn
不自由。药能医假病，酒不解真

chóu
愁。

rén pín bù yǔ shuǐ píng bù liú yī jiā
34 人贫不语，水平不流。一家

yǎng nǚ bǎi jiā qiú yī mǎ bù xíng bǎi mǎ yōu
养女百家求，一马不行百马忧。

yǒu huā fāng zhuó jiǔ wú yuè bù dēng lóu sān bēi
有花方酌酒，无月不登楼。三杯

tōng dà dào yī zuì jiě qiān chóu
通大道，一醉解千愁。

shēn shān bì jìng cáng měng hǔ dà hǎi zhōng xū
35 深山毕竟藏猛虎，大海终须

nà xì liú xī huā xū jiǎn diǎn ài yuè bù shū
纳细流。惜花须检点，爱月不梳

tóu dà dǐ xuǎn tā jī gǔ hǎo bú fù hóng fěn
头。大抵选他肌骨好，不傅红粉

yě fēng liú
也风流。

shòu ēn shēn chù yí xiān tuì dé yì nóng shí
36 受恩深处宜先退，得意浓时

biàn kě xiū mò dài shì fēi lái rù ěr cóng qián
便可休。莫待是非来入耳，从前

ēn ài fǎn wéi chóu liú dé wǔ hú míng yuè zài
恩爱反为仇。留得五湖明月在，

bù chóu wú chù xià jīn gōu xiū bié yǒu yú chù
不愁无处下金钩。休别有鱼处，

mò liàn qiǎn tān tóu qù shí zhōng xū qù zài sān
莫恋浅滩头。去时终须去，再三

liú bú zhù
留不住。

rěn yī jù xī yī nù ráo yī zhāo tuì
37 忍一句，息一怒，饶一着，退

yī bù sān shí bù háo sì shí bú fù wǔ shí
一步。三十不豪，四十不富，五十

xiāng jiāng xún sǐ lù shēng bú rèn hún sǐ bú rèn
相将寻死路。生不认魂，死不认

shī fù mǔ ēn shēn zhōng yǒu bié fū qī yì zhòng
尸。父母恩深终有别，夫妻义重

yě fēn lí rén shēng sì niǎo tóng lín sù dà xiàn
也分离。人生似鸟同林宿，大限

lái shí gè zì fēi
来时各自飞。

rén shàn bèi rén qī，mǎ shàn bèi rén qí。

38 人善被人欺，马善被人骑。

rén wú hèng cái bú fù，mǎ wú yè cǎo bù féi。

人无横财不富，马无夜草不肥。

rén è rén pà tiān bú pà，rén shàn rén qī tiān bù

人恶人怕天不怕，人善人欺天不

qī。shàn è dào tóu zhōng yǒu bào，zhǐ zhēng lái zǎo

欺。善恶到头终有报，只争来早

yǔ lái chí。huáng hé shàng yǒu chéng qīng rì，qǐ kě

与来迟。黄河尚有澄清日，岂可

rén wú dé yùn shí。

人无得运时。

dé chǒng sī rǔ，jū ān lǜ wēi。niàn niàn

39 得宠思辱，居安虑危。念念

yǒu rú lín dí rì，xīn xīn cháng sì guò qiáo shí。

有如临敌日，心心常似过桥时。

yīng xióng xíng xiǎn dào，fù guì sì huā zhī。rén qíng

英雄行险道，富贵似花枝。人情

mò dào chūn guāng hǎo，zhǐ pà qiū lái yǒu lěng shí。

莫道春光好，只怕秋来有冷时。

sòng jūn qiān lǐ，zhōng xū yī bié。dàn jiāng lěng yǎn

送君千里，终须一别。但将冷眼

kàn páng xiè，kàn nǐ héng xíng dào jǐ shí。

看螃蟹，看你横行到几时。

jiàn shì mò shuō，wèn shì bù zhī，xián shì

40 见事莫说，问事不知，闲事

mò guǎn，wú shì zǎo guī。jiǎ ráo rǎn jiù zhēn hóng

莫管，无事早归。假饶染就真红

sè yě bèi páng rén shuō shì fēi shàn shì kě zuò
色，也被旁人说是非。善事可作，

è shì mò wéi xǔ rén yī wù qiān jīn bù yí
恶事莫为。许人一物，千金不移。

lóng shēng lóng zǐ hǔ shēng bào ér lóng yóu
41 龙生龙子，虎生豹儿。龙游

qiǎn shuǐ zāo xiā xì hǔ luò píng yáng bèi quǎn qī
浅水遭虾戏，虎落平阳被犬欺。

yī jǔ shǒu dēng lóng hǔ bǎng shí nián shēn dào fèng huáng
一举首登龙虎榜，十年身到凤凰

chí shí nián chuāng xià wú rén wèn yī jǔ chéng míng
池。十年窗下无人问，一举成名

tiān xià zhī
天下知。

jiǔ zhài xún cháng xíng chù yǒu rén shēng qī shí
42 酒债寻常行处有，人生七十

gǔ lái xī yǎng ér fáng lǎo jī gǔ fáng jī jī
古来稀。养儿防老，积谷防饥。鸡

tún gǒu zhì zhī chù wú shī qí shí shù kǒu zhī
豚狗彘之畜，无失其时，数口之

jiā kě yǐ wú jī yǐ cháng jiāng yǒu rì sī wú
家，可以无饥矣。常将有日思无

rì mò bǎ wú shí dàng yǒu shí
日，莫把无时当有时。

shí lái fēng sòng téng wáng gé yùn qù léi hōng
43 时来风送滕王阁，运去雷轰

jiàn fú bēi rù mén xiū wèn róng kū shì guān kàn
荐福碑。入门休问荣枯事，观看

róng yán biàn dé zhī guān qīng sī lì shòu shén líng
容颜便得知。官清司吏瘦，神灵

miào zhù féi
庙祝肥。

xī què léi tíng zhī nù bà què hǔ láng zhī
44 息却雷霆之怒，罢却虎狼之

wēi ráo rén suàn zhī běn shū rén suàn zhī jī hǎo
威。饶人算之本，输人算之机。好

yán nán dé è yǔ yì shī yī yán jì chū sì
言难得，恶语易施。一言既出，驷

mǎ nán zhuī
马难追。

dào wú hǎo zhě shì wú zéi dào wú è zhě
45 道吾好者是吾贼，道吾恶者

shì wú shī lù féng xiǎn chù xū dāng bì bú shì
是吾师。路逢险处须当避，不是

cái rén mò xiàn shī sān rén tóng xíng bì yǒu wǒ
才人莫献诗。三人同行，必有我

shī yān zé qí shàn zhě ér cóng zhī qí bú shàn
师焉：择其善者而从之，其不善

zhě ér gǎi zhī shào zhuàng bù nǔ lì lǎo dà tú
者而改之。少壮不努力，老大徒

shāng bēi rén yǒu shàn yuàn tiān bì yòu zhī
伤悲。人有善愿，天必佑之。

mò chī mǎo shí jiǔ hūn hūn zuì dào yǒu
46 莫吃卯时酒，昏昏醉到酉。

mò mà yǒu shí qī yí yè shòu gū qī zhòng má
莫骂酉时妻，一夜受孤凄。种麻

dé má zhòng dòu dé dòu tiān wǎng huī huī shū ér
得麻，种豆得豆。天网恢恢，疏而

bú lòu
不漏。

jiàn guān mò xiàng qián zuò kè mò zài hòu
47 见官莫向前，做客莫在后。

nìng tiān yī dǒu mò tiān yī kǒu táng láng bǔ chán
宁添一斗，莫添一口。螳螂捕蝉，

qǐ zhī huáng què zài hòu bù qiú jīn yù chóng chóng
岂知黄雀在后。不求金玉重重

guì dàn yuàn ér sūn gè gè xián yī rì fū qī
贵，但愿儿孙个个贤。一日夫妻，

bǎi shì yīn yuán bǎi shì xiū lái tóng chuán dù qiān
百世姻缘。百世修来同船渡，千

shì xiū lái gòng zhěn mián
世修来共枕眠。

shā rén yī wàn zì sǔn sān qiān shāng rén
48 杀人一万，自损三千。伤人

yī yǔ lì rú dāo gē kū mù féng chūn yóu zài
一语，利如刀割。枯木逢春犹再

fā rén wú liǎng dù zài shào nián wèi wǎn xiān tóu
发，人无两度再少年。未晚先投

sù jī míng zǎo kàn tiān
宿，鸡鸣早看天。

jiàng xiàng dǐng tóu kān zǒu mǎ gōng hóu dù li
49 将相顶头堪走马，公侯肚里

hǎo chēng chuán fù rén sī lái nián pín rén sī yǎn
好撑船。富人思来年，贫人思眼

qián shì rén ruò yào rén qíng hǎo shē qù wù jiàn mò
前。世人若要人情好，赊去物件莫

qǔ qián sǐ shēng yǒu mìng fù guì zài tiān
取钱。死生有命，富贵在天。

jī shí yuán yǒu huǒ bù jī nǎi wú yān
50 击石原有火，不击乃无烟。

rén xué shǐ zhī dào bù xué yì tú rán mò xiào
人学始知道，不学亦徒然。莫笑

tā rén lǎo zhōng xū hái dào lǎo dàn néng yī běn
他人老，终须还到老。但能依本

fèn zhōng xū wú fán nǎo
分，终须无烦恼。

jūn zǐ ài cái qǔ zhī yǒu dào zhēn fù ài
51 君子爱财，取之有道；贞妇爱

sè nà zhī yǐ lǐ shàn yǒu shàn bào è yǒu è
色，纳之以礼。善有善报，恶有恶

bào bú shì bú bào rì zi wèi dào
报；不是不报，日子未到。

rén ér wú xìn bù zhī qí kě yě yī
52 人而无信，不知其可也。一

rén dào hǎo qiān rén chuán shí fán shì yào hǎo xū
人道好，千人传实。凡事要好，须

wèn sān lǎo ruò zhēng xiǎo kě biàn shī dà dào
问三老。若争小可，便失大道。

nián nián fáng jī yè yè fáng dào hào xué
53 年年防饥，夜夜防盗。好学

zhě rú hé rú dào bù xué zhě rú hāo rú cǎo
者如禾如稻，不学者如蒿如草。

yù yǐn jiǔ shí xū yǐn jiǔ dé gāo gē chù qiě gāo
遇饮酒时须饮酒，得高歌处且高

gē yīn fēng chuī huǒ yòng lì bù duō
歌。因风吹火，用力不多。

bù yīn yú fǔ yǐn zěn dé jiàn bō tāo
54 不因渔父引，怎得见波涛。

wú qiú dào chù rén qíng hǎo bù yǐn cóng tā jiǔ jià
无求到处人情好，不饮从他酒价

gāo zhī shì shǎo shí fán nǎo shǎo shí rén duō chù
高。知事少时烦恼少，识人多处

shì fēi duō rù shān bú pà shāng rén hǔ zhǐ pà
是非多。入山不怕伤人虎，只怕

rén qíng liǎng miàn dāo
人情两面刀。

qiáng zhōng gèng yǒu qiáng zhōng shǒu è rén xū
55 强中更有强中手，恶人须

yòng è rén mó huì shǐ bú zài jiā háo fù fēng
用恶人磨。会使不在家豪富，风

liú bú yòng zhuó yī duō guāng yīn sì jiàn rì yuè
流不用着衣多。光阴似箭，日月

rú suō tiān shí bù rú dì lì dì lì bù rú
如梭。天时不如地利，地利不如

rén hé
人和。

huáng jīn wèi wéi guì ān lè zhí qián duō
56 黄金未为贵，安乐值钱多。

shì shàng wàn bān jiē xià pǐn sī liang wéi yǒu dú shū
世上万般皆下品，思量唯有读书

gāo shì jiān hǎo yǔ shū shuō jìn tiān xià míng shān
高。世间好语书说尽，天下名山

sēng zhàn duō wéi shàn zuì lè wéi è nán táo
僧占多。为善最乐，为恶难逃。

yáng yǒu guì rǔ zhī ēn yā yǒu fǎn bǔ zhī
57 羊有跪乳之恩，鸦有反哺之

yì nǐ jí tā wèi jí rén xián xīn bù xián yǐn
义。你急他未急，人闲心不闲。隐

è yáng shàn zhí qí liǎng duān qī xián fū huò shǎo
恶扬善，执其两端。妻贤夫祸少，

zǐ xiào fù xīn kuān
子孝父心宽。

jì duò fǔ zèng fǎn gù wú yì yǐ fù
58 既堕釜甑，反顾无益。已覆

zhī shuǐ shōu zhī shí nán rén shēng zhī zú hé shí
之水，收之实难。人生知足何时

zú rén lǎo tōu xián qiě shì xián chù chù lǜ yáng
足，人老偷闲且是闲。处处绿杨

kān xì mǎ jiā jiā yǒu lù tōng cháng ān
堪系马，家家有路通长安。

jiàn zhě yì xué zhě nán mò jiāng róng yì
59 见者易，学者难。莫将容易

dé biàn zuò děng xián kàn yòng xīn jì jiào bān bān
得，便作等闲看。用心计较般般

cuò tuì bù sī liang shì shì nán dào lù gè bié
错，退步思量事事难。道路各别，

yǎng jiā yī bān
养家一般。

cóng jiǎn rù shē yì, cóng shē rù jiǎn nán。
60 从俭入奢易，从奢入俭难。

zhī yīn shuō yǔ zhī yīn tīng, bú shì zhī yīn mò yǔ
知音说与知音听，不是知音莫与

tán。diǎn shí huà wéi jīn, rén xīn yóu wèi zú。xìn
谈。点石化为金，人心犹未足。信

le dù, mài le wū。tā rén xiàn xiàn bú shè nǐ
了肚，卖了屋。他人睍睍不涉你

mù, tā rén lù lù bú shè nǐ zú。
目，他人碌碌不涉你足。

shéi rén bú ài zǐ sūn xián, shéi rén bú ài
61 谁人不爱子孙贤，谁人不爱

qiān zhōng sù, nài wǔ xíng bú shì zhè bān tí mù。
千钟粟，奈五行不是这般题目。

mò bǎ zhēn xīn kōng jì jiào, ér sūn zì yǒu ér sūn
莫把真心空计较，儿孙自有儿孙

fú。yǔ rén bù hé, quàn rén yǎng é; yǔ rén bú
福。与人不和，劝人养鹅；与人不

mù, quàn rén jià wū。dàn xíng hǎo shì, mò wèn qián
睦，劝人架屋。但行好事，莫问前

chéng。
程。

hé xiá shuǐ jí, rén jí jì shēng。míng zhī
62 河狭水急，人急计生。明知

shān yǒu hǔ, mò xiàng hǔ shān xíng。lù bù xíng bú
山有虎，莫向虎山行。路不行不

dào, shì bù wéi bù chéng。rén bú quàn bú shàn, zhōng
到，事不为不成。人不劝不善，钟

bù dǎ bù míng
不打不鸣。

63 wú qián fāng duàn jiǔ, lín lǎo shǐ kàn jīng
无钱方断酒，临老始看经。

diǎn tǎ qī céng, bù rú àn chù yī dēng. wàn shì
点塔七层，不如暗处一灯。万事

quàn rén xiū mán mèi, jǔ tóu sān chǐ yǒu shén míng
劝人休瞒昧，举头三尺有神明。

dàn cún fāng cùn dì, liú yǔ zǐ sūn gēng. miè què
但存方寸地，留与子孙耕。灭却

xīn tóu huǒ, tī qǐ fó qián dēng. xīng xīng cháng bù
心头火，剔起佛前灯。惺惺常不

zú, méngméng zuò gōng qīng. zhòng xīng lǎng lǎng, bù rú
足，蒙蒙作公卿。众星朗朗，不如

gū yuè dú míng. xiōng dì xiāng hài, bù rú yǒu shēng
孤月独明。兄弟相害，不如友生。

64 hé lǐ kě zuò, xiǎo lì mò zhēng. mǔ dan
合理可作，小利莫争。牡丹

huā hǎo kōng rù mù, zǎo huā suī xiǎo jiē shí chéng
花好空入目，枣花虽小结实成。

qī lǎo mò qī shào, qī rén xīn bù míng. suí fèn
欺老莫欺少，欺人心不明。随分

gēng chú shōu dì lì, tā shí bǎo nuǎn xiè cāng tiān
耕锄收地利，他时饱暖谢苍天。

65 dé rěn qiě rěn, dé nài qiě nài; bù rěn
得忍且忍，得耐且耐；不忍

bú nài, xiǎo shì chéng dà. xiāng lùn chěng yīng xióng, jiā
不耐，小事成大。相论逞英雄，家

jì jiàn jiàn tuì xián fù lìng fū guì è fù lìng
计渐渐退。贤妇令夫贵，恶妇令

fū bài
夫败。

66 yī rén yǒu qìng zhào mín xián lài rén lǎo
一人有庆，兆民咸赖。人老

xīn wèi lǎo rén qióng zhì bù qióng rén wú qiān rì
心未老，人穷志不穷。人无千日

hǎo huā wú bǎi rì hóng shā rén kě shù qíng lǐ
好，花无百日红。杀人可恕，情理

nán róng
难容。

67 zhà fù bù zhī xīn shòu yòng zhòu pín nán gǎi
乍富不知新受用，骤贫难改

jiù jiā fēng zuò zhōng kè cháng mǎn bēi zhōng jiǔ bù
旧家风。座中客常满，杯中酒不

kōng wū lòu gèng zāo lián yè yǔ xíng chuán yòu yù
空。屋漏更遭连夜雨，行船又遇

dǎ tóu fēng sǔn yīn luò tuò fāng chéng zhú yú wèi
打头风。笋因落箨方成竹，鱼为

bēn bō shǐ huà lóng jì de shào nián qí zhú mǎ
奔波始化龙。记得少年骑竹马，

kàn kàn yòu shì bái tóu wēng
看看又是白头翁。

68 lǐ yì shēng yú fù zú dào zéi chū yú pín
礼义生于富足，盗贼出于贫

qióng tiān shàng zhòng xīng jiē gǒng běi shì jiān wú shuǐ
穷。天上众星皆拱北，世间无水

bù cháo dōng jūn zǐ ān pín dá rén zhī mìng
不朝东。君子安贫，达人知命。

liáng yào kǔ kǒu lì yú bìng zhōng yán nì ěr
69 良药苦口利于病，忠言逆耳

lì yú xíng shùn tiān zhě cún nì tiān zhě wáng rén
利于行。顺天者存，逆天者亡。人

wèi cái sǐ niǎo wèi shí wáng fū qī xiāng hé hǎo
为财死，鸟为食亡。夫妻相合好，

qín sè yǔ shēng huáng
琴瑟与笙簧。

yǒu ér pín bù jiǔ wú zǐ fù bù cháng
70 有儿贫不久，无子富不长。

shàn bì shòu kǎo è bì zǎo wáng shuǎng kǒu shí duō
善必寿考，恶必早亡。爽口食多

piān zuò bìng kuài xīn shì guò kǒng shēng yāng fù guì
偏作病，快心事过恐生殃。富贵

dìng yào ān běn fèn pín qióng bú bì wǎng sī liang
定要安本分，贫穷不必枉思量。

huà shuǐ wú fēng kōng zuò làng xiù huā suī hǎo
71 画水无风空作浪，绣花虽好

bù wén xiāng tān tā yī dǒu mǐ shī què bàn nián
不闻香。贪他一斗米，失却半年

liáng zhēng tā yī jiǎo tún fǎn shī yī zhǒu yáng
粮；争他一脚豚，反失一肘羊。

lóng guī wǎn dòng yún yóu shī shè guò chūn shān
72 龙归晚洞云犹湿，麝过春山

cǎo mù xiāng píng shēng zhǐ huì liáng rén duǎn hé bù
草木香。平生只会量人短，何不

huí tóu bǎ zì liáng jiàn shàn rú bù jí jiàn è
回头把自量。见善如不及，见恶
rú tàn tāng rén pín zhì duǎn mǎ shòu máo cháng
如探汤。人贫志短，马瘦毛长。

zì jiā xīn li jí tā rén wèi zhī máng
73 自家心里急，他人未知忙。
pín wú yì shì jiāng jīn zèng bìng yǒu gāo rén shuō yào
贫无义士将金赠，病有高人说药
fāng chù lái mò yǔ jìng shì guò xīn qīng liáng qiū
方。触来莫与竞，事过心清凉。秋
zhì mǎn shān duō xiù sè chūn lái wú chù bù huā xiāng
至满山多秀色，春来无处不花香。
fán rén bù kě mào xiàng hǎi shuǐ bù kě dǒu liáng
凡人不可貌相，海水不可斗量。

qīng qīng zhī shuǐ wéi tǔ suǒ fáng jǐ jǐ zhī
74 清清之水为土所防，济济之
shì wéi jiǔ suǒ shāng hāo cǎo zhī xià huò yǒu lán
士为酒所伤。蒿草之下，或有兰
xiāng máo cí zhī wū huò yǒu hóu wáng wú xiàn zhū
香；茅茨之屋，或有侯王。无限朱
mén shēng è piǎo jǐ duō bái wū chū gōng qīng
门生饿殍，几多白屋出公卿。

zuì hòu qián kūn dà hú zhōng rì yuè cháng
75 醉后乾坤大，壶中日月长。
wàn shì jiē yǐ dìng fú shēng kōng zì máng qiān lǐ
万事皆已定，浮生空自忙。千里
sòng háo máo lǐ qīng qíng yì zhòng yī rén chuán xū
送毫毛，礼轻情义重。一人传虚，

bǎi rén chuán shí shì shì míng rú jìng qián chéng àn
百人传实。世事明如镜，前程暗

sì qī liáng tián wàn qǐng rì shí yī shēng dà shà
似漆。良田万顷，日食一升；大厦

qiān jiān yè mián bā chǐ qiān jīng wàn diǎn xiào yì
千间，夜眠八尺。千经万典，孝义

wéi xiān
为先。

yī zì rù gōng mén jiǔ niú tuō bù chū
76 一字入公门，九牛拖不出。

yá men bā zì kāi yǒu lǐ wú qián mò jìn lái
衙门八字开，有理无钱莫进来。

fù cóng shēng gě qǐ pín yīn bú suàn lái jiā zhōng
富从升合起，贫因不算来。家中

wú cái zǐ guān cóng hé chù lái
无才子，官从何处来。

wàn shì bù yóu rén jì jiào yī shēn dōu shì
77 万事不由人计较，一身都是

mìng ān pái jí xíng màn xíng qián chéng zhǐ yǒu xǔ
命安排。急行慢行，前程只有许

duō lù rén jiān sī yǔ tiān wén ruò léi àn shì
多路。人间私语，天闻若雷；暗室

kuī xīn shén mù rú diàn yī háo zhī è quàn rén
亏心，神目如电。一毫之恶，劝人

mò zuò yī háo zhī shàn yǔ rén fāng biàn kuī rén
莫作；一毫之善，与人方便。亏人

shì huò ráo rén shì fú tiān yǎn huī huī bào yìng
是祸，饶人是福；天眼恢恢，报应

shèn sù shèng xián yán yǔ shén qīn guǐ fú
甚速。圣贤言语，神钦鬼伏。

rén gè yǒu xīn xīn gè yǒu jiàn kǒu shuō
78 人各有心，心各有见。口说
bù rú shēn féng ěr wén bù rú mù jiàn yǎng jūn
不如身逢，耳闻不如目见。养军
qiān rì yòng zài yī zhāo guó qīng cái zǐ guì jiā
千日，用在一朝。国清才子贵，家
fù xiǎo ér jiāo lì dāo gē tǐ hén yì hé è
富小儿骄。利刀割体痕易合，恶
yǔ shāng rén hèn bù xiāo gōng dao shì jiān wéi bái fà
语伤人恨不消。公道世间唯白发，
guì rén tóu shang bù céng ráo
贵人头上不曾饶。

yǒu qián kān chū zhòng wú yī lǎn chū mén
79 有钱堪出众，无衣懒出门。
wéi guān xū zuò xiàng jí dì zǎo zhēng xiān miáo cóng
为官须作相，及第早争先。苗从
dì fā shù xiàng zhī fēn fù zǐ hé ér jiā bú
地发，树向枝分。父子和而家不
tuì xiōng dì hé ér jiā bù fēn
退，兄弟和而家不分。

guān yǒu gōng fǎ mín yǒu sī yuē xián shí
80 官有公法，民有私约。闲时
bù shāo xiāng jí shí bào fó jiǎo xìng shēng tài píng
不烧香，急时抱佛脚。幸生太平
wú shì rì kǒng féng nián lǎo bù duō shí guó luàn
无事日，恐逢年老不多时。国乱

sī liáng jiàng jiā pín sī xián qī
思良将，家贫思贤妻。

chí táng jī shuǐ xū fáng hàn tián dì shēn gēng
81 池塘积水须防旱，田地深耕

zú yǎng jiā gēn shēn bú pà fēng yáo dòng shù zhèng
足养家。根深不怕风摇动，树正

hé chóu yuè yǐng xié fèng quàn jūn zǐ gè yí shǒu
何愁月影斜。奉劝君子，各宜守

jǐ zhǐ cǐ chéng shì wàn wú yī shī
己，只此呈示，万无一失。

附录二：
民国版《增广贤文》

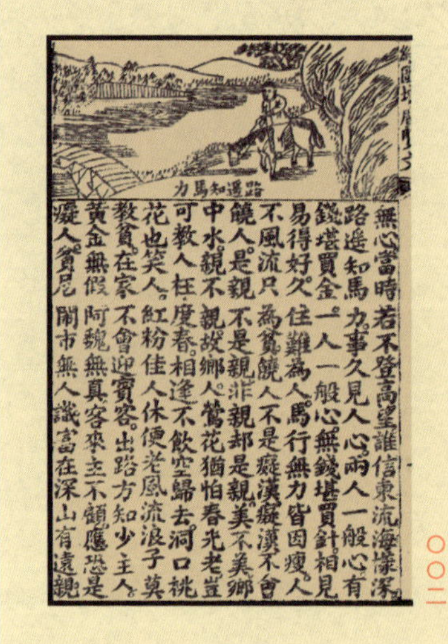

無心當時若不登高望誰信東流海樣深路遙知馬力事久見人心兩人一般心有錢堪買金一人一般心無錢堪買針相見易得好久住難為人馬行無力皆因瘦人不風流只為貧饒人不是癡漢癡漢不會饒人是親不是親非親卻是親美不美鄉中水親不親故鄉人鶯花猶怕春光老豈可教人枉度春相逢不飲空歸去洞口桃花也笑人紅粉佳人休便老風流浪子莫教貧在家不會迎賓客出路方知少主人黃金無假阿魏無真客來主不顧應恐是癡人貧居鬧市無人識富在深山有遠親

〇〇二

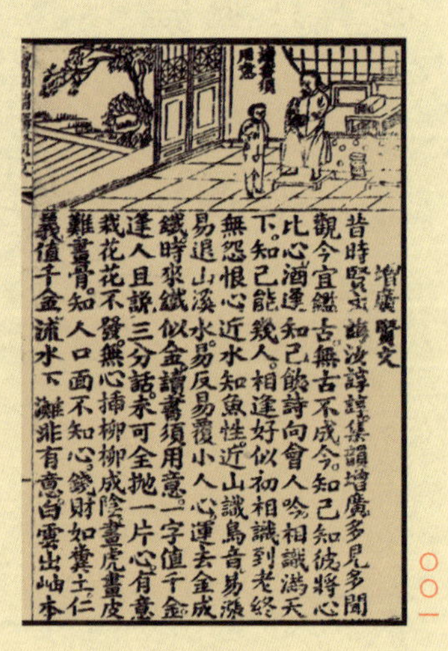
增廣賢文

昔時賢文誨汝諄諄集韻增廣多見多聞觀今宜鑑古無古不成今知己知彼將心比心酒逢知己飲詩向會人吟相識滿天下知己能幾人相逢好似初相識到老終無怨恨心近水知魚性近山識鳥音易漲易退山溪水易反易覆小人心運去金成鐵時來鐵似金讀書須用意一字值千金逢人且說三分話未可全拋一片心有意栽花花不發無心插柳柳成陰畫虎畫皮難畫骨知人口面不知心錢財如糞土仁義值千金流水下灘非有意白雲出岫本

〇〇一

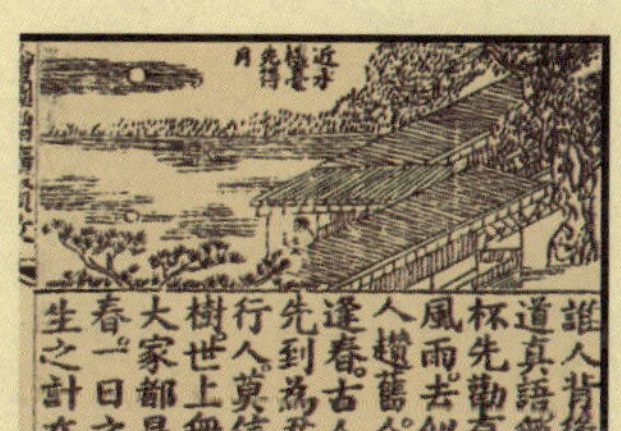

誰人背後無人說。那個人前不說人。有錢道真語無錢語不真。不信但看筵中酒。杯杯先勸有錢人。鬧裡有錢。靜處安身。來如風雨。去似微塵。長江後浪催前浪。世上新人趲舊人。近水樓臺先得月。向陽花木早逢春。古人不見今時月。今月曾經照古人。先到為君。後到為臣。莫道君行早。更有早行人。莫信直中直。須防仁不仁。山中有直樹。世上無直人。自恨枝無葉。莫怨太陽偏。大家都是命。半點不由人。一年之計在於春。一日之計在於寅。一家之計在於和。一生之計在於勤。責人之心責己。恕己之心

〇〇三

恕人。守口如瓶。防意如城。寧可負我。切莫負人。再三須重事。第一莫欺心。虎生猶可近。人熟不堪親。來說是非者。便是是非人。遠水難救近火。遠親不如近鄰。有茶有酒多兄弟。急難何曾見一人。人情似紙張張薄。世事如棋局局新。山中也有千年樹。世上難逢百歲人。力微休負重。言輕莫勸人。無錢休入眾。遭難莫尋親。平生莫作皺眉事。世上應無切齒人。士者國之寶。儒為席上珍。若要斷酒法。醒眼看醉人。求人須求英雄漢。濟人須濟急時無。渴時一滴如甘露。醉後添杯不如無。久住令人賤。貧來親

〇〇四

也疎。酒中不語真君子。財上分明大丈夫。出家如初。成佛有餘。積金千兩。不如明解經書。養子不教如養驢。養女不教如養豬。有田不耕倉廩虛。有書不讀子孫愚。倉廩虛兮歲月乏。子孫愚兮禮義疎。同君一夜話。勝讀十年書。人不通古今。馬牛如襟裾。茫茫四海人無數。那個男兒是丈夫。白酒釀成延好客。黃金散盡為收書。救人一命勝造七級浮屠。城門失火。殃及池魚。庭前生瑞草。好事不如無。欲求生富貴。須下死工夫。百年成之不足。一旦壞之有餘。人心似鐵。國法如爐。善化不足。惡化有餘。水太

〇〇五

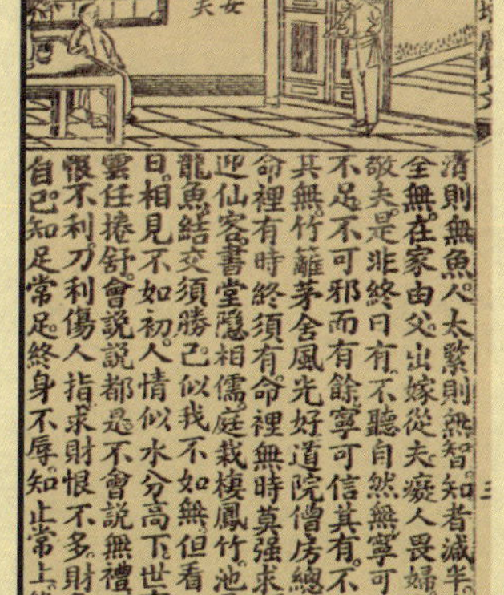

清則無魚。人太緊則無智。知者減半。省者全無。在家由父。出嫁從夫。癡人畏婦。賢女敬夫。是非終日有。不聽自然無。寧可正而不足。不可邪而有餘。寧可信其有。不可信其無。竹籬茅舍風光好。道院僧房總不如。命裡有時終須有。命裡無時莫強求。道院迎仙客。書堂隱相儒。庭栽棲鳳竹。池養化龍魚。結交須勝己。似我不如無。但看三五日。相見不如初。人情似水分高下。世事如雲任捲舒。會說說都是。不會說無禮。磨刀恨不利。刀利傷人指。求財恨不多。財多害自己。知足常足。終身不辱。知止常止。終身

〇〇六

不恥有福傷財無福傷己差之毫釐失之千里若涉遠必自邇若登高必自卑三思而行再思可矣使口不如自走求人不如求己小時是兄弟長大各鄉里妒財莫妒食怨生莫怨死人見白頭嗔我見白頭喜多少少年亡不到白頭死牆有縫壁有耳好事不出門惡事傳千里賊是小人智過君子君子固窮小人窮斯濫矣貧窮自在富貴多憂不以我為德反以我為仇寧向直中取不可曲中求人無遠慮必有近憂知我者為我心憂不知我者為我何求晴乾不肯去直待雨淋頭成事莫說覆水難

〇〇七

收是非只因多開口煩惱皆因強出頭忍得一時之氣免得百日之憂近來學得烏龜法得縮頭時且縮頭懼法朝朝樂欺公日日憂人生一世草生一春白髮不隨老人去看來又是白頭翁月到十五光明少人到中年萬事休兒孫自有兒孫福莫把兒孫作馬牛人生不滿百常懷千歲憂今朝有酒今朝醉明日愁來明日憂路逢險處難迴避事到頭來不自由藥能醫假病酒不解真愁人貧不語水平不流一家養女百家求一馬不行百馬憂有花方酌酒無月不登樓三杯通大道一醉解千愁深

〇〇八

山畢竟藏猛虎大海終須納細流惜花須檢點愛月不梳頭大抵選他肌骨好不傳紅粉也風流受恩深處宜先退得意濃時便可休莫待是非來入耳從前恩愛反為仇留得五湖明月在不愁無處下金鉤休別有魚處莫戀淺灘頭去時終須去再三留不住忍一句息一怒饒一着退一步三十不豪四十不富五十將相尋死路生不認魂死不認屍父母恩深終有別夫妻義重也分離人生似鳥同林宿大限來時各自飛人善被人欺馬善被人騎人無橫財不富馬無夜草不肥人惡人怕天不怕人

〇〇九

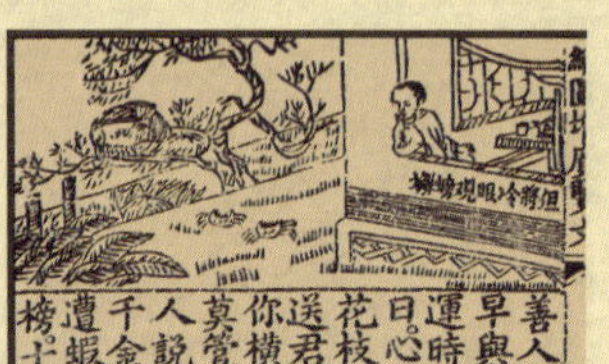

善人欺天不欺善惡到頭終有報只爭來早與來遲黃河尚有澄清日豈可人無得運時得寵思辱安居慮危念念有如臨敵日心心常似過橋時英雄行險道富貴似花枝人情莫道春光好只怕秋來有冷時送君千里終須一別但將冷眼看螃蟹看你橫行到幾時見事莫說問事不知閑事莫管無事早歸假緞染就真紅色也被旁人說是非善事可作惡事莫為許人一物千金不移龍生龍子虎生豹兒龍遊淺水遭蝦戲虎落平坦被犬欺一舉首登龍虎榜十年身到鳳凰池十年窗下無人問一

〇一〇

舉成名天下知酒債尋常行處有人生七
十古來稀養兒代老積穀防饑雞豚狗彘
之畜無失其時數口之家可以無饑矣常
將有日思無日莫把無時當有時時來風
送滕王閣運去雷轟薦福碑入門休問榮
枯事觀看容顏便得知官清書吏瘦神靈
廟作肥息却雷霆之怒罷却虎狼之威饒
人算之本輸人算之機好言難得惡語易
施一言既出駟馬難追道吾好者是吾賊
道吾惡者是吾師路逢險處須當避不是
才人莫獻詩三人同行必有我師焉擇其
善者而從之其不善者而改之少年不努

力老來徒悲傷人有善願天必佑之莫喫
卯時酒昏昏醉到酉莫罵酉時妻一夜受
孤悽種麻得麻種豆得豆天眼恢恢疏而
不漏見官莫向前做客莫在後寧添一斗
莫添一口螳螂捕蟬豈知黃雀在後不求
金玉重重貴但願兒孫個個賢一日夫妻
百世姻緣百世修來同船渡千世修來共
枕眠殺人一萬自損三千傷人一語利如
刀割枯木逢春猶再發人無兩度再少年
未晚先投宿雞鳴早看天將相胸前堪走
馬公侯肚裡好撑船富人思來年貧人思
眼前世人若要人情好賒去物件莫取錢

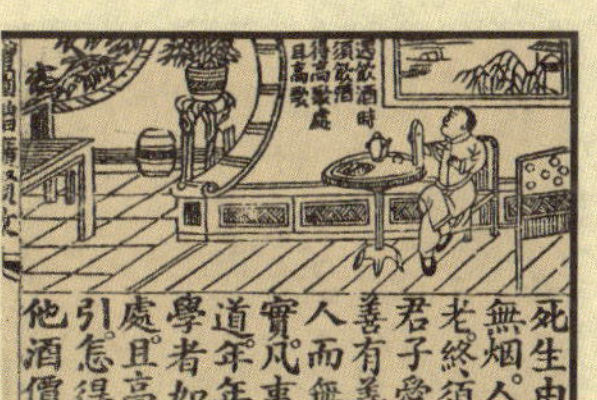

死生由命富貴在天擊石原有火不擊乃
無烟人學始知道不學亦徒然莫笑他人
老終須還到老但能依本分終須無煩惱
君子愛財取之有道貞婦愛色納之以禮
善有善報惡有惡報不是不報日子未到
人而無信不知其可也一人道好千人傳
實凡事要好須問三老若爭小可便失大
道年年防饑夜夜防盜學者如禾如稻不
學者如蒿如草遇飲酒時須飲酒得高歌
處且高歌因風吹火用力不多不因漁父
引怎得見波濤無求到處人情好不飲從
他酒價高知事少時煩惱少識人多處是

非多入山不怕傷人虎只怕人情兩面刀
強中更有強中手惡人須用惡人磨會使
不在家豪富風流不用着衣多光陰似箭
日月如梭天時不如地利地利不如人和
黃金未為貴安樂值錢多世上萬般皆下
品思量惟有讀書高世間好語書說盡天
下名山僧占多為善最樂為惡難逃羊有
跪乳之恩鴉有反哺之義你急他未急人
閒心不閒隱惡揚善執其兩端妻賢夫禍
少子孝父心寬既墮釜甑反顧無益反覆
之水收之實難人生知足何時足人老偷
閒且是閒但有緣錫堪繫馬處處有路透

長安。見者易學者難。莫將容易得。便作等閒看。用心計較般般錯。退步思量事事難。道路各別。養家一般。從儉入奢易。從奢入儉難。知音說與知音聽。不是知音莫與彈。點石化為金。人心猶未足。信了肚。賣了無他人睍睍。不涉你目。他人碌碌。不涉你足。誰人不愛子孫賢。誰人不愛千鍾粟。奈五行不是這般題目。莫把真心空計較。兒孫自有兒孫福。與人不和。勸人養鵝。與人不睦。勸人架屋。但行好事。莫問前程。河狹水急。人急計生。明知山有虎。莫向虎山行。路不行不到。事不為不成。人不勸不善。鐘不

〇一五

打不鳴。無錢方斷酒。臨老始看經。點塔七層。不如暗處一燈。萬事勸人休瞞昧。舉頭三尺有神明。但存方寸地。留與子孫耕。滅却心頭火。剔起佛前燈。惺惺常不足。懞懞作公卿。眾星朗朗。不如孤月獨明。兄弟相害。不如自生。合理可作。小利莫爭。牡丹花好空入目。棗花須小結實成。欺老莫欺少。欺人心不明。隨分耕鋤收地利。他時飽煖謝蒼天。得忍且忍。得耐且耐。不忍不耐。小事成大。相論逞英雄。家計漸漸退。賢婦令夫貴。惡婦令夫敗。一人有慶。兆民感賴。人老心未老。人窮志莫窮。人無千日好。花無

〇一六

百日紅。殺人可恕。情理難容。乍富不如新受用。乍貧難改舊家風。座上客常滿。樽中酒不空。屋漏更遭連夜雨。行船又被打頭風。笋因落籜方成竹。魚為奔波始化龍。記得少年騎竹馬。看看又是白頭翁。禮儀生於富足。盜賊出於貧窮。天上眾星皆拱照。世間無水不朝東。君子安貧。達人知命。忠言逆耳利於行。良藥苦口利於病。順天者存。逆天者亡。人為財死。鳥為食亡。夫妻相合好。琴瑟與笙簧。有兒貧不久。無子富不長。善必壽老。惡必早亡。爽口食多偏作病。快心事過恐生殃。富貴定要安本分。貧窮

〇一七

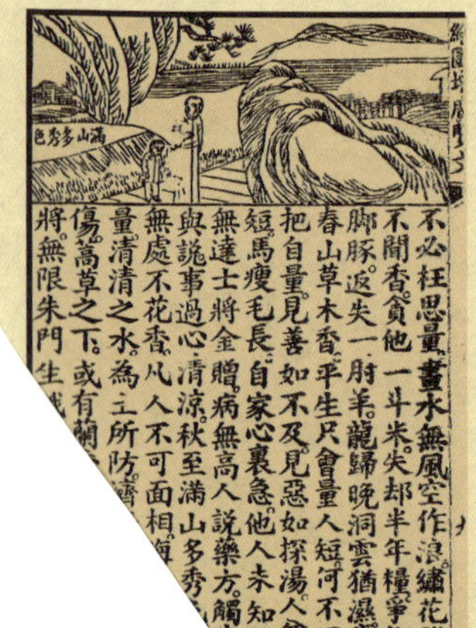

不必枉思量。畫水無風空作浪。繡花雖好不聞香。貪他一斗米。失却半年糧。爭他一脚豚。返失一肘羊。龍歸晚洞雲猶濕。麝過春山草木香。平生只會量人短。河不回頭把自量。見善如不及。見惡如探湯。人貧志短。馬瘦毛長。自家心裏急。他人未知忙。貧無達士將金贈。病無高人說藥方。觸來
與詭事過心清涼。秋至滿山多秀
無處不花香。凡人不可面相。海
量清清之水。為土所防。濟
傷。高草之下。或有蘭
將。無限朱門生餓

〇一八

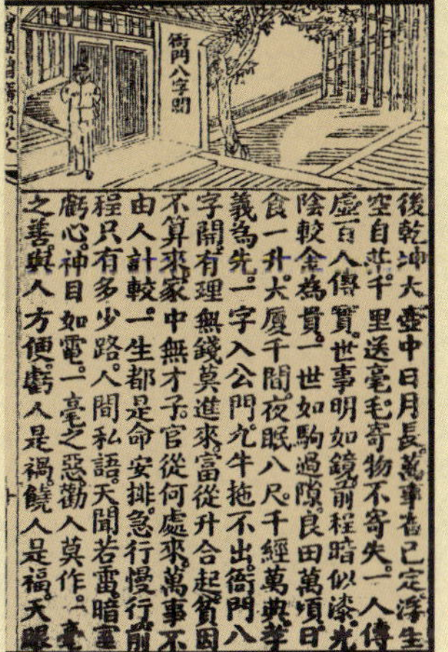

後乾坤大。壺中日月長。萬事皆已定。浮生空自忙。千里送毫毛。寄物不寄失。一人傳虛。百人傳實。世事明如鏡。前程暗似漆。光陰較金為貴。一世如駒過隙。良田萬頃。日食一升。大廈千間。夜眠八尺。千經萬典。孝義為先。一字入公門。九牛拖不出。衙門八字開。有理無錢莫進來。富從升合起。貧因不算來。家中無才子。官從何處來。萬事不由人計較。一生都是命安排。急行慢行。前程只有多少路。人間私語。天聞若雷。暗室虧心。神目如電。一毫之惡。勸人莫作。一毫之善。與人方便。虧人是禍。饒人是福。天網

〇一九

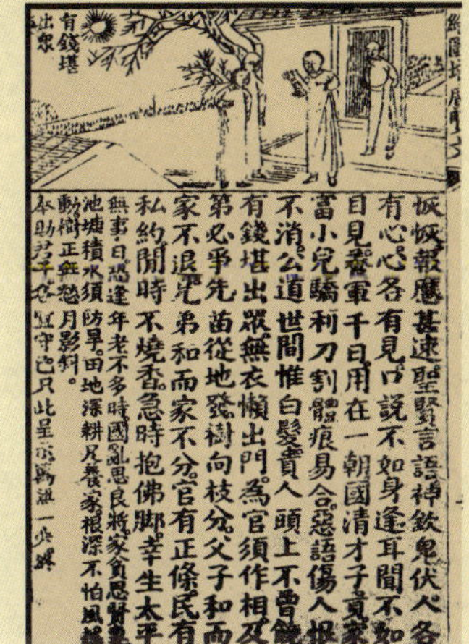

恢恢。報應甚速。聖賢言語。神欽鬼伏。人各有心。心各有見。口說不如身逢。耳聞不如目見。養軍千日。用在一朝。國清才子貴。家富小兒驕。利刀割體痕易合。惡語傷人恨不消。公道世間惟白髮。貴人頭上不曾饒。有錢堪出衆。無衣懶出門。為官須作相。及第必爭先。苗從地發。樹向枝分。父子和而家不退。兄弟和而家不分。官有正條。民有私約。閑時不燒香。急時抱佛腳。幸生太平無事日。恐逢年老不多時。國亂思良將。家貧思賢妻。池塘積水須防旱。田地深耕足養家。根深不怕風搖動。樹正無愁月影斜。奉勸君子。各宜守己。只此呈示。萬無一失。

〇二〇

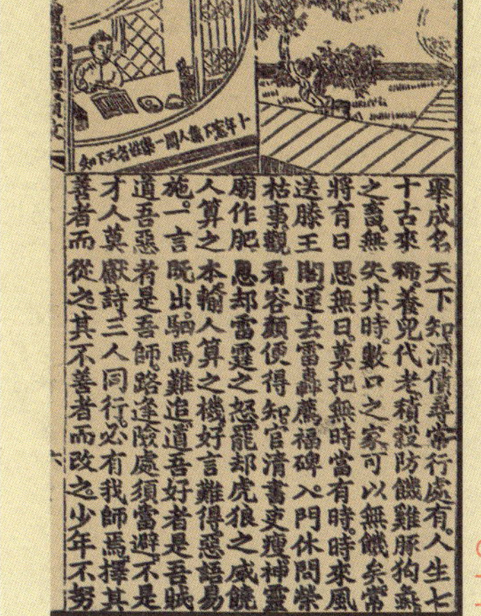

畢成名。天下知酒債尋常行處有。人生七十古來稀。養兒代老積穀防饑雞豚狗彘之畜。無失其時。數口之家可以無饑矣常將有日思無日莫把無時當有時。時來風送滕王閣運去雷轟薦福碑。入門休問榮枯事觀看容顏便得知官清書吏瘦神靈廟祝肥息却雷霆之怒罷却虎狼之威饒人算之本輸人算之機好言難得惡語易施。一言既出駟馬難追道吾好者是吾賊道吾惡者是吾師。路逢險處須當避不是才人莫獻詩三人同行必有我師焉擇其善者而從之其不善者而改之少年不努

〇一一

力。老來徒悲傷。人有善願天必佑之莫吃卯時酒昏昏醉到酉莫罵酉時妻一夜受孤悽種麻得麻種豆得豆天眼恢恢疎而不漏。見官莫向前做客莫在後寧添一斗莫添一口。螳螂捕蟬豈知黃雀在後不求金玉重重貴但願兒孫個個賢。一日夫妻百世姻緣百世修來同船渡千世修來共枕眠。殺人一萬自損三千。傷人一語利如刀割枯木逢春猶再發。人無兩度再少年未晚先投宿。雞鳴早看天。將相胸前堪走馬。公侯肚裡好撐船。富人思來年。貧人思眼前。世人若要人情好賒去物件莫取錢

〇一二

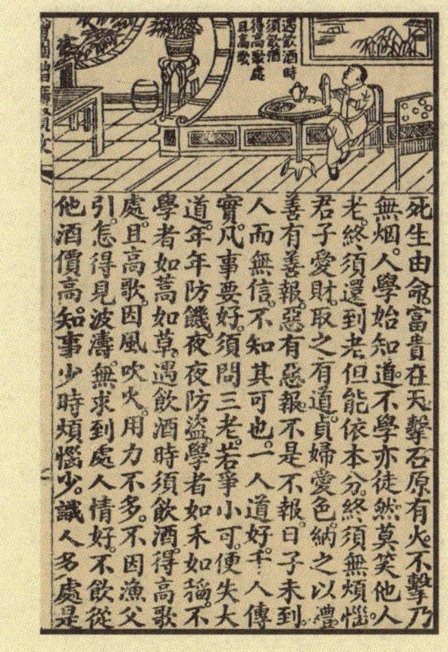

死生由命富貴在天。擊石原有火不擊乃無烟。人學始知道。不學亦徒然。莫笑他人老終須還到老但能依本分。終須無煩惱君子愛財。取之有道。貞婦愛色。納之以禮善有善報。惡有惡報不是不報日子未到人而無信。不知其可也。一人道好千人傳實凡事要好。須問三老。若爭小可便失大道。年年防饑夜夜防盜。學者如禾如稻不學者如蒿如草。遇飲酒時須飲酒得高歌處且高歌。因風吹火。用力不多。不因漁父引。怎得見波濤。無求到處人情好。不飲從他酒價高。知事少時煩惱少。識人多處是

〇一三

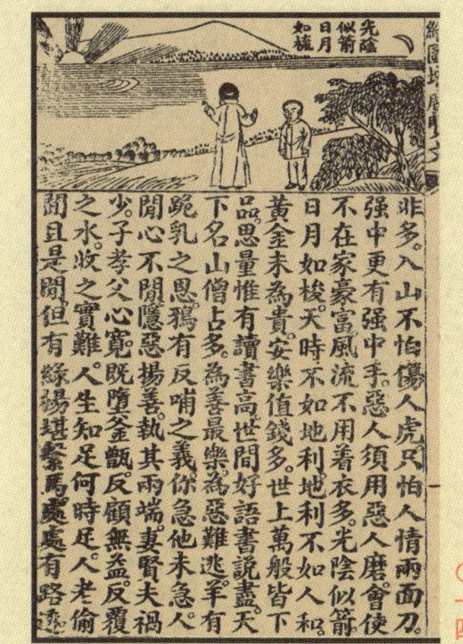

非多。入山不怕傷人虎只怕人情兩面刀。强中更有强中手。惡人須用惡人磨。會使不在家豪富風流不用着衣多。光陰似箭日月如梭。天時不如地利地利不如人和。黃金未為貴。安樂值錢多。世上萬般皆下品。思量惟有讀書高世間好語書說盡。天下名山僧占多。為善最樂。為惡難逃。羊有跪乳之恩。鴉有反哺之義。你急他未急。人閑心不閑。隱惡揚善。執其兩端。妻賢夫禍少。子孝父心寬。既墮釜甑反顧無益。反覆之水。收之實難。人生知足何時足。人老偷閑且是閑。但有綠楊堪繫馬。處處有路透

〇一四

長安見者易學者難莫將容易得便作等閒看用心計較般般錯退步思量事事難道路各別養家一般從儉入奢易從奢入儉難知音說與知音聽不是知音莫與彈點石化為金人心猶未足信了肚賣了無他人睍睍不涉你目他人碌碌不涉你足誰人不愛子孫賢誰人不愛千鍾粟奈五行不是這般題目莫把真心空計較兒孫自有兒孫福與人不和勸人養鵝與人不睦勸人架屋但行好事莫問前程河狹水急人急計生明知山有虎莫向虎山行路不行不到事不為不成人不勸不善鐘不

〇一五

打不鳴無錢方斷酒臨老始看經點塔七層不如暗處一燈萬事勸人休瞞昧舉頭三尺有神明但存方寸地留與子孫耕滅却心頭火剔起佛前燈惺惺常不足懞懞作公卿眾星朗朗不如孤月獨明兄弟相害不如自生合理可作小利莫爭牡丹花好空入目棗花須小結實成欺老莫欺少欺人心不明隨分耕鋤收地利他時飽煖謝蒼天得忍且忍得耐且耐不忍不耐小事成大相論逞英雄家計漸漸退賢婦令夫貴惡婦令夫敗一人有慶兆民感賴人老心未老人窮志莫窮人無千日好花無

〇一六

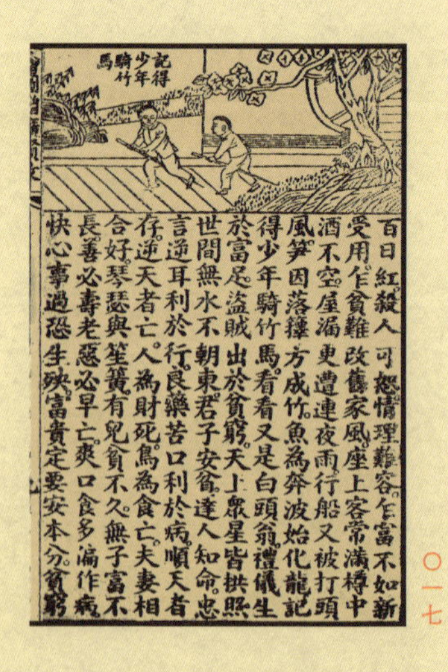

百日紅殺人可恕情理難容乍富不如新受用乍貧難改舊家風座上客常滿樽中酒不空屋漏更遭連夜雨行船又被打頭風筍因落籜方成竹魚為奔波始化龍記得少年騎竹馬看看又是白頭翁禮儀生於富足盜賊出於貧窮天上眾星皆拱照世間無水不朝東君子安貧達人知命忠言逆耳利於行良藥苦口利於病順天者存逆天者亡人為財死鳥為食亡夫妻相合好琴瑟與笙簧有兒貧不久無子富不長善必壽老惡必早亡爽口食多偏作病快心事過恐生殃富貴定要安本分貧窮

〇一七

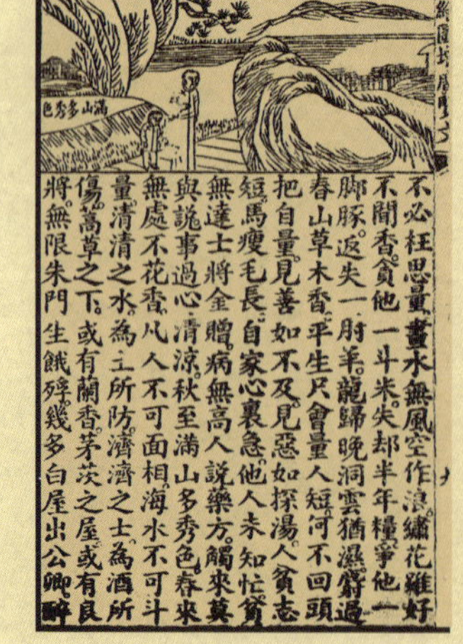

不必枉思量畫水無風空作浪繡花雖好不聞香貪他一斗米失却半年糧爭他一腳豚返失一肘羊龍歸晚洞雲猶濕麝過春山草木香平生只會量人短何不回頭把自量見善如不及見惡如探湯人貧志短馬瘦毛長自家心裏急他人未知忙貧無達士將金贈病無高人說藥方觸來莫與說事過心清涼秋至滿山多秀色春來無處不花香凡人不可面相海水不可斗量清清之水為土所防濟濟之士為酒所傷蒿草之下或有蘭香茅茨之屋或有良將無限朱門生餓殍幾多白屋出公卿醉

〇一八

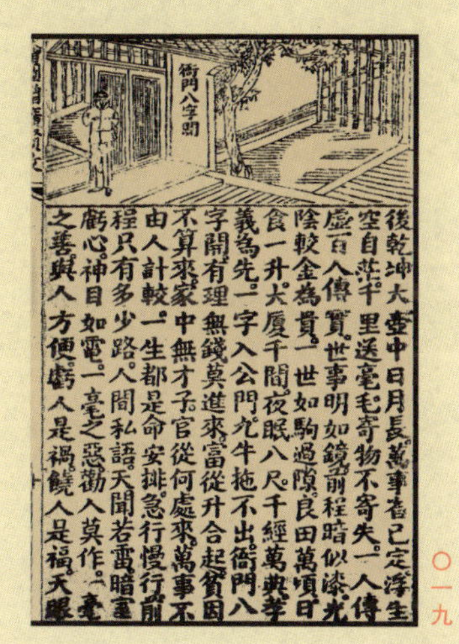

後乾坤大壺中日月長。萬事皆已定。浮生空自茫。千里送毫毛。寄物不寄失。一人傳虛。百人傳實。世事明如鏡。前程暗似漆。光陰較金為貴。一世如駒過隙。良田萬頃。日食一升。大廈千間。夜眠八尺。千經萬典。孝義為先。一字入公門。九牛拖不出。衙門八字開。有理無錢莫進來。富從升合起。貧因不算來。家中無才子。官從何處來。萬事不由人計較。一生都是命安排。急行慢行。前程只有多少路。人間私語。天聞若雷。暗室虧心。神目如電。一毫之惡。勸人莫作。一毫之善。與人方便。虧人是禍。饒人是福。天眼

〇一九

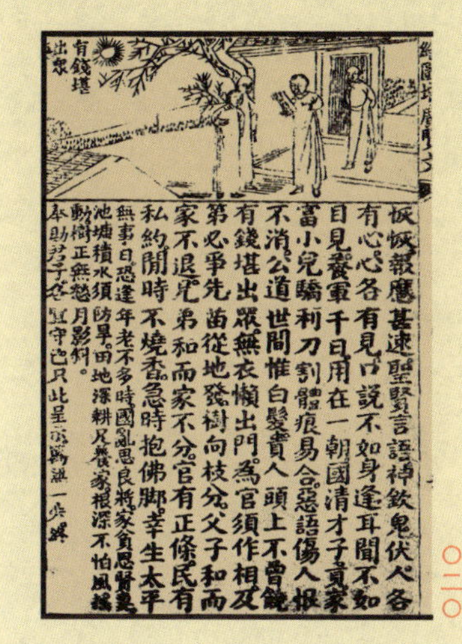

恢恢。報應甚速。聖賢言語。神欽鬼伏。人各有心。心各有見。口說不如身逢。耳聞不如目見。養軍千日。用在一朝。國清才子貴。家富小兒驕。利刀割體痕易合。惡語傷人恨不消。公道世間惟白髮。貴人頭上不曾饒。有錢堪出眾。無衣懶出門。為官須作相。及第必爭先。苗從地發。樹向枝分。父子和而家不退。兄弟和而家不分。官有正條。民有私約。閒時不燒香。急時抱佛腳。幸生太平無事日。恐逢年老不多時。國亂思良將。家貧思賢妻。池塘積水須防旱。田地深耕足養家。根深不怕風搖動。樹正無愁月影斜。

本助君子各堅守己只此呈示勸世一[illegible]

〇二〇